NORDSEE
SCHLESWIG HOLSTEIN

NORDSEE
SCHLESWIG HOLSTEIN

GMEINER

ELKE WEILER

Autor und Verlag haben alle Informationen geprüft. Gleichwohl wissen wir, dass sich Gegebenheiten im Verlauf der Zeit ändern, daher erfolgen alle Angaben ohne Gewähr. Sollten Sie Feedback haben, bitte schreiben Sie uns! Über Ihre Rückmeldung zum Buch freuen sich Autor und Verlag: lieblingsplaetze@gmeiner-verlag.de

Sofern nicht im Folgenden gelistet, stammen alle Bilder von Elke Weiler:
Lukas Spoerl 32; Elke Weiler © Nolde-Stiftung 54

QR-Code einscannen und kostenloses E-Book anfordern.

Besuchen Sie uns im Internet:
www.gmeiner-verlag.de

1. Auflage 2022

Im Ehnried 5, 88605 Meßkirch
Telefon 07575/2095-0
info@gmeiner-verlag.de

Lektorat/Redaktion: Ricarda Dück
Herstellung: Julia Franze
Bildbearbeitung: Katrin Lahmer
Umschlaggestaltung: Susanne Lutz
unter Verwendung der Illustrationen von © PrintingSociety – stock.adobe.com; © eyewave – stock.adobe.com; © SimpleLine – stock.adobe.com; © Katrin Lahmer; © Benjamin Arnold; © Susanne Lutz
Kartendesign: © Maps4News.com/HERE
Druck: AZ Druck und Datentechnik GmbH, Kempten
Printed in Germany
ISBN 978-3-8392-0157-2

Inseln und Halligen

Nordfriesisches Festland

Dithmarschen

Die unendliche Weite

Eine Liebeserklärung an die Westküste

Als meine Familie 2010 an die Küste Schleswig-Holsteins zog, wollten wir nicht einfach nur am Meer wohnen. Wir wollten auf dem Land leben, ein Leben in der Natur. Die Weite des Wattenmeers zog uns an sowie die Gelassenheit der Menschen und ihr Humor. Das wilde Wesen der Nordsee, der Wind und jene Kraft der Sturmfluten, die die Landschaft immer wieder verändern, schon seit jeher. Oft haben die Menschen neu beginnen müssen, weil ihre Lebensgrundlage zerstört worden war, als sich das Land neu formierte. Dem Küstenschutz fällt eine essenzielle Rolle zu, die aufgrund des Klimawandels dringender geworden ist und neue Lösungen braucht.

Als ehemalige Reisejournalistin weiß ich, dass es nicht reicht, einen Ort nur kurz zu besuchen, um einen Zugang zu ihm zu finden. Daher habe ich mich dem »langsamen Reisen« verschrieben, ich möchte Land und Menschen respektvoll, nachhaltig und mit allen Sinnen begegnen. Mit dem Rad oder zu Fuß klappt das bestens. Was ich mir wünschte, wäre ein weiter ausgebautes Netz der öffentlichen Verkehrsmittel, um die Schönheiten der Küste zu entdecken. Gerade bei mäßigem Wetter, das im Land aus Marsch und Geest dazugehört.

Im Mittelpunkt stehen abwechslungsreiche Erlebnisse in Nordfriesland und Dithmarschen, den beiden Regionen an der Westküste Schleswig-Holsteins. Auf den ersten Blick ähneln sie sich, und doch zeigt jede ihre Eigenarten. So ist die Insel Helgoland am besten von Büsum aus zu erreichen, gehört aber amtshalber zum fernen Pinneberg. Kulturhistorisch ist sie Nordfriesland zuzuordnen, allein wegen des gesprochenen Friesischs. Geografisch liegt Sankt Peter-Ording am nächsten, doch die Vergangenheit Helgolands als britische Kronkolonie trennte die Insel zeitweise von der Geschichte Nordfrieslands.

Die gesamte Küste wird vom Rhythmus des Wattenmeers bestimmt, das 2009 zum UNESCO-Weltnaturerbe erklärt wurde. Ein einzigartiger Lebensraum, dessen Schönheit in der Stille zu finden ist. Das Watt kann sogar »schmatzen«. Es wird gerne als amphibisch bezeichnet, weil es nicht Wasser und nicht Land ist. Dieses Biotop steckt voller zarter Wunder. Doch die Natur birgt weitere Schätze, darunter die an der Küste selten gewordenen Wälder sowie mäandernde Flüsse, flankiert von saftigen Wiesen. Das platte Land bietet genügend Rad- und Wanderstrecken, die sich gerade für leichte Touren ins Grüne eignen. Und zur Küste gehört ein idyllisches Hinterland, das manchmal zu Hügeln wächst und von der letzten Eiszeit erzählt. Dazwischen »hyggelige« kleine Städte. Hafenorte oder Plätze mit maritimer Vergangenheit, deren einstige Nähe zum Meer heutzutage nur noch schwer zu erahnen ist.

Nordfriesland, Dithmarschen und Helgoland bergen Naturschönheiten, kulinarische Entdeckungen, kulturelle Vergnügen und Historie. Man kann den längsten Tag des Jahres auf Amrum feiern, die Sommersonnenwende. Oder einen Film in einem Verzehrkino im Stile der 1970er-Jahre anschauen. Sich auf eine Hallig zurückziehen, Vögel beobachten. Oder am Nationalfest der Nordfriesen teilnehmen, dem *Biikebrennen* im Februar. Ich wünsche viel Freude beim Entdecken!

Elke Weiler

Wussten Sie, dass Nordfriesland fünfsprachig ist? Neben Hochdeutsch wird Niederdeutsch gesprochen. Friesisch und Dänisch werden gepflegt, und in Grenznähe hört man Südjütisch.

Inseln und Halligen

1

Spaziergang um den Lister Ellenbogen
Startpunkt: Parkplatz Ellenbogen
25992 List/Sylt

Insel Sylt Tourismus-Service GmbH
Strandstraße 35
25980 Westerland/Sylt
04651 9980
www.insel-sylt.de

Die Musik der Wellen

Spaziergang um den Lister Ellenbogen

An den Spitzen wirkt die Insel wild und schön. Man spürt die Kräfte der Natur, alles ist im Wandel. Im Norden wie im Süden nagt das Meer an der Landmasse. Ohne die regelmäßigen Sandvorspülungen würden die fragilen Zipfel verschwinden. An seinen Enden widerspricht Sylt jedem glamourösen Klischee, alle sind gleichermaßen vom Winde verweht bis zerzaust. Die

Nehrung im Norden namens Ellenbogen zu umrunden, wirkt nicht nur entspannend, sondern führt je nach Lust und Laune bis an den nördlichsten Punkt Deutschlands. Die Route kann an die eigenen Bedürfnisse angepasst werden.

Beginnen wir an der Wattseite, am besten barfuß. Meist nimmt sie sich ruhig aus. Der Sandboden ist fest, fühlt sich gut unter den Füßen an und bringt die Durchblutung in Schwung. Vorsicht gilt scharfen Muschelkanten. Dann heißt es genießen. Endlich haben wir Zeit für Details, für Herz- und Miesmuscheln, aufgeklappte und entleerte Austern. Kleine Krebse, die über den Sand huschen. Spaghettiförmige Häufchen reinsten Sands, gefiltert und ausgeschieden von Wattwürmern. Die zarten palmenartigen Spitzen vom Haus des Bäumchenröhrenwurms ragen empor. Der Blick wandert zur nahen dänischen Insel Rømø.

An der Spitze drehen wir uns wie der Wind an manchen Tagen. Es wird Zeit für die nördliche Kante des Ellenbogens, immer dem rauen Westen entgegen. Die Luft pfeift, das offene Meer schäumt. An schönen Tagen mag der Unterschied zur Wattseite kaum ins Gewicht fallen, doch spürbar ist er immer. Dünen erheben sich sanft, durchzogen von Pfaden. Nach und nach bevölkern Radfahrer den Ellenbogen, klettern in raschelnder Funktionskleidung die Sandhügel hinauf. Auf den Dünen versinkt man etwas tiefer im Sand. Der rot-weiße Leuchtturm List-Ost strebt zwischen Strandhafer in die Höhe. Nun kann man verharren, die gute Luft atmen und zum Ausgangspunkt zurückkehren. Oder rund 30 Minuten bis an den nördlichsten Punkt weiterschlendern.

Tipp: ein Ausflug mit der Fähre von List zur Nachbarinsel Rømø. An Bord kann man mit etwas Glück einen der gemütlichen Strandkörbe ergattern und darin aufs Meer schauen.

1

Restaurant *Sylter Royal Austernstube*
Hafenstraße 10–12
25992 List/Sylt
04651 877525
www.sylter-royal.de

Sylter Genussmacherei
Hafenstraße 2
25992 List/Sylt
04651 9429074
www.sylter-genussmacherei.de

Der Geschmack des Meeres

Restaurant *Sylter Royal Austernstube*

Die einst kilometerlangen Austernbänke im Wattenmeer gehören der Geschichte an. Waren Wildaustern vor mehr als 100 Jahren noch ein essenzieller Zweig der lokalen Wirtschaft zwischen Rømø, Sylt, Amrum und Föhr, kam es gegen Ende des 19. Jahrhunderts leider zur Überfischung. Trotz einer Schonungsperiode konnten sich die Bestände nicht erholen, also begann man im Sylter Norden Anfang des 20. Jahrhunderts, niederländische Muscheln zu kultivieren. Doch der Krieg und ein eisiger Winter setzten den Bemühungen in den 1930er-Jahren ein Ende. Auch in den 60er- und 70er-Jahren wurden keine nennenswerten Fortschritte erzielt – bis *Dittmeyer's Austern-Compagnie* 1986 an erfolgreiche Versuche mit der pazifischen Felsenauster anknüpfte.

Das Unternehmen legte ein Aufzuchtgebiet in der Blidselbucht zwischen List und Kampen an und kultiviert seitdem die *Sylter Royal*, die einzige aus Deutschland stammende Zuchtauster. Sogenannte »poches«, Netztaschen mit den Schalenweichtieren, werden jedes Frühjahr auf die aufgestellten Metalltische gelegt, der Ebbe und Flut preisgegeben. Sind die *Sylter Royal* groß genug, kommen sie in die Hälterungsbecken nach List, die mit Nordseewasser gefüllt sind.

Auch wenn man die *Sylter Royal* in anderen Lokalitäten genießen kann, empfiehlt sich ein Besuch des gleichnamigen Bistros der *Compagnie*. Nur hier kann man einen Blick auf die Meerwasserbecken werfen. Pur munden die Austern am besten. Höchstens mit ein paar Spritzern Zitrone, aber selbst die lenken vom wahren Geschmack ab. An einem sonnigen Tag draußen vor der rustikalen blauen Austernbude in List zu sitzen und die Muscheln zu essen, löst Glücksgefühle aus. Es müssen gar nicht viele sein, doch widmen sollte man sich ihnen: eine Auster lösen, kauen und das Wasser aus der Schale schlürfen. Die See ist nicht mehr nur zu sehen und zu riechen, ein Teil davon plätschert langsam durch den eigenen Körper.

Nur ein paar Häuser weiter: Als originelles Mitbringsel wird das Sylter Meersalz aus der *Genussmacherei* von Alexandro Pape gehandelt.

3

Morsum-Kliff
Startpunkt: Nösistich
25980 Morsum/Sylt
www.insel-sylt.de

Sylter Seifen Manufaktur
Bi Miiren 13
25980 Morsum/Sylt
04651 4609977
www.sylterseifen.de

Ein eiszeitliches Kunstwerk

Morsum-Kliff

An der südlichen Wattseite der Insel begeben wir uns auf eine Zeitreise weit zurück in die Vergangenheit. Rings um das kuriose Morsum-Kliff breitet sich eine Heidelandschaft aus, die ihre Blütenpracht im August und September gänzlich entfaltet. Dann wirkt das Kliff, als trage es an manchen Stellen violette Hauben. Doch die eigentliche Attraktion des Naturschutzgebietes wird von bis zu zehn Millionen Jahre alten Gesteinsschichten gebildet.

Rötliche bis gelbe Schlieren, ein eiszeitliches Kunstwerk, das nicht nur Geologenherzen höherschlagen lässt. Das Kliff weist eine komplexe Geschichte aus, in der die Gletscher der Kaltzeiten den Boden aufbrachen und verschoben, sodass jene sichtbaren Schollen entstanden. Es waren Naturschützer, die vor 100 Jahren verhindern konnten, dass uralte Erdschichten für den Bau des Dammes entwendet wurden. So können wir heute noch diese Schöpfung der Natur bestaunen.

Der Spaziergang zum Kliff kann beliebig gestaltet werden. Auf der Straße Nösistich befindet sich ein Parkplatz mit sanitären Anlagen. Man kann mit dem Rad hinfahren und es am Rundweg abstellen oder vom Morsumer Bahnhof aus zwei Kilometer zu Fuß zurücklegen. Wer von Nösistich die erste Abzweigung links nimmt, entscheidet sich für die kurze Route, die durch die Heide direkt zum Aussichtspunkt führt. Der Blick übers Watt ist atemberaubend. Man kann auf einer der Bänke verweilen und tief in die Landschaft versinken. Für diejenigen mit mehr Ausdauer und Lust am Wandern bietet sich die große Runde an. Dafür folgt man der Straße Nösistich bis zum zweiten Pfad linker Hand. Der Weg oberhalb des Kliffs ist sandig und teils schmal, aber nie schwer zu bewältigen. Wer die eiszeitlichen Gesteine lieber von unten betrachten möchte, läuft Nösistich bis zum Ende und im Anschluss am Watt entlang bis zum sogenannten »Klein-Afrika«. Inmitten gelb leuchtender Sandflächen fühlt man sich wie an einem anderen Ort auf der Welt.

In Morsum können Sie von Hand gefertigte Seifen der Siederin Kerstin Deppe kaufen, die mit Duftnoten und Zutaten der Insel wie Heckenrose oder Alge versehen sind.

Weststrand
Strandweg
25997 Hörnum/Sylt

Strandsauna Hörnum
Süderende 25
25997 Hörnum/Sylt
0173 9212255
www.strandsauna-sylt.com

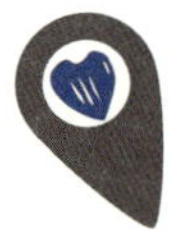

Das Rauschen der Brandung

Weststrand

Die Westküste der Insel hat ihren eigenen Klang: das Rauschen der Brandung. Ist im Sommer der Wind nicht zu stark und das Meer nicht zu rau, zieht es alle zum Spiel mit den Wellen hinaus. Jenes lustvolle Hineinwerfen, Kraulen, Aufstehen und Fallenlassen.

Zunächst gilt es, die schäumenden Wogen nahe dem Ufer zu durchqueren. Eine Gratismassage für die Waden. Wer nicht frontal die wolle Wucht des Wassers zu spüren bekommen möchte, versucht, rückwärts voranzukommen. Geschafft! Ein paar Schwimmzüge parallel zur Wellenlage. Manchmal spritzt es einem ins Gesicht, das Meer, was ausgelassenes Lachen und Prusten hervorruft. Wieder zurück an Land, und das Ganze noch einmal. Jene glückselige Atemlosigkeit, ohne wirklich geschwommen zu sein. Diese Kraft der See zu spüren, das bietet Sylts Brandung. Sich wieder wie ein Kind zu fühlen.

Doch die Insel bezahlt teuer für die Musik. Wenn der Blanke Hans wütet, bangen die Sylter jedes Mal um Landverluste. Das liegt an der Physiognomie der Westseite: Die Küste fällt hier schnell steil ab, die Wellen prallen mit unverminderter Geschwindigkeit ans Ufer. Daher muss die Südspitze mit aufgespülten Sandbänken geschützt werden.

Allein an windstillen Tagen ist das Wasser ruhig. Dann erstrahlt es in einem geradezu karibischen Türkisblau, und die Welt scheint eine andere. Exakt der richtige Zeitpunkt zum mühelosen Schwimmen, zum Genießen. Jetzt darf man langsam und selbstvergessen sein. Sich auf den Rücken drehen, in den Himmel blicken. Den Leuten am Strand zuschauen. Der Badeaufsicht, die ebenfalls an der Ruhe Gefallen findet, das Surfboard an die Hütte gelehnt. Mit etwas Glück und Geduld kann man in solchen Momenten in Hörnum sogar Schweinswale sichten.

Sylt ist bestens auf Gäste vorbereitet. Auch am Zugang zum Weststrand befinden sich sanitäre Anlagen inklusive Dusche. An frischeren Tagen tut ein Besuch in der kleinen *Strandsauna Hörnum* gut. Ein Lieblingsplatz inmitten der Dünen am Süderende. Rechtzeitig reservieren!

5

Führung Vogelschutzgebiet Amrum-Odde
Startpunkt: Fahrradständer an der Odde
25346 Norddorf/Amrum
Kontakt Verein Jordsand: 04682 2332
www.jordsand.eu

Restaurant Oomes Hüs
Dünemwai 4
25946 Norddorf/Amrum
04682 2199
www.oomes-hues.de

Wo die Heringsmöwe nistet

Führung im Vogelschutzgebiet Amrum-Odde

Gut zwei Kilometer misst die Strecke von der Ortsmitte in Norddorf bis hinauf zur Odde an der Nordspitze Amrums. Wer sie aufmerksam zurücklegt, gleich ob zu Fuß oder mit dem Rad, entdeckt neben grasenden Kühen vielleicht eine Gruppe von Graugänsen oder ein Fasanenpaar. Roter Fingerhut ragt am Rand auf, im Volksmund Waldglöckchen genannt.

Toiletten und der Pfad zum Treffpunkt mit dem Vogelwart sind ausgeschildert. Der Schotterweg endet am Radparkplatz, ein Bohlenweg führt bis zur Sammelstelle, etwa 800 Meter von den Fahrradständern entfernt. Nur der Vogelwart kann Besuchern Einlass gewähren, ringsum wird das Areal von einem Zaun abgesichert. Die Odde steht schon lange unter Naturschutz, betreut vom *Verein Jordsand.* Auch geführte Wattwanderungen zur Nachbarinsel Föhr starten an der Odde.

Bis auf wenige Ausnahmen geleitet der Vogelwart jeden Morgen Interessierte in das Gebiet, in dessen Zentrum eine Hütte steht. Zur Rechten glitzert das Watt in der Sonne, und wer sich die Füße bis zur Führung vertreten möchte, kann die Schuhe ausziehen und barfuß im Sand laufen. Ein Trupp von Schwänen zieht mit einem surrenden Geräusch durch die Luft. Eine Holzbank lädt zu einer Auszeit ein, Wattblick inklusive.

Schließlich erscheint der Wärter. Der Rundgang verläuft behutsam und führt zu einer kleinen Aussichtsplattform auf einem Dünenkamm. Wer brütet an diesem Ort? Neben Zwergseeschwalben, Eiderenten und Brandgänsen sind vor allem Silber- und Heringsmöwen zu sehen, die ihre Nachkommen betreuen. Etwa anderthalb Stunden lang erläutert der Vogelwart den Lebensraum, Zuhörer aller Altersklassen lauschen. Die Blicke schweifen zu den Nachbarinseln Sylt und Föhr am Horizont. Für den Rückweg empfiehlt sich ein Spaziergang am Strand auf der Westseite der Odde, einem Ausläufer des Kniepsands.

Kehren Sie auf dem Dünemwai zum Fischessen ins *Oomes Hüs* ein. Helles Ambiente mit nordischem Flair, und neben Nordsee-Kabeljau werden Gerichte wie Kohl-Curry oder Maispoularde serviert.

Sommersonnen-wendfest am Strand
(jährlich am 21. Juni)
Strunwai 1000
25946 Nebel/Amrum

Öömrang Hüs
Waaswai 1
25946 Nebel
04682 2118
www.oeoemrang-hues.de

Tanz am längsten Tag

Sommersonnenwendfeier

Der vielleicht schönste Konzertsaal der Welt. Mitten auf dem Amrumer Kniepsand steigt das Fest. Schon vor 19 Uhr strömen die Leute an den Strand von Nebel, bilden über den breiten Dünenweg eine Schlange, die sich schließlich in der wüstenartigen Weite auflöst. Die Sommersonnenwende gilt als gute Gelegenheit zum Tanzen für alle. Gefeiert wird am 21. Juni die kürzeste Nacht des Jahres. Mit etwas Glück ist die Sonne 17 Stunden lang zu sehen.

Aus der Menge sticht vor allem die Amrumer Trachtengruppe hervor, die in ihren Roben und Hauben die Tradition hochhält. Aus Zeiten, als Amrum noch die Heimat von Seefahrern war, die Andenken und neue Eindrücke aus der Welt in ihre Heimat brachten. Die Frauenkleider gehen auf den Festtagsbrauch von vor 150 Jahren zurück und haben sich seit damals kaum geändert. Vorlage für die Entwicklung ihrer Tracht war die vorherrschende Garderobe am spanischen Hof im 16. Jahrhundert. Charakteristisch ist unter anderem der filigrane Silberschmuck, der ebenfalls mit den Seeleuten auf die Insel kam.

Am Strand wurde heute Brennholz für ein Feuer geschichtet, der Amrumer Shantychor singt, die Blaskapelle spielt auf. Auch Seefahrerlieder werden zum Besten gegeben, und alle stimmen mit ein. Ein Kreis hat sich um die Tanzenden gebildet, und wer zeitig vor Ort war, hat ein Plätzchen auf den begehrten Stühlen ergattert. Das Meer rauscht nicht weit entfernt, man hört, man riecht es. Alle sind in bester Stimmung und feiern den nicht enden wollenden Tag. Fast wähnt man sich in einer der weißen Nächte im hohen Norden Skandinaviens. Denn der Mittsommer dauert bis zur Dämmerung der Blauen Stunde. Zugleich profitieren die Gäste von der Infrastruktur am Nebeler Strand. Würstchenbuden werden von der Feuerwehr betreut, und die Sanitäranlagen liegen in unmittelbarer Nähe.

Wer sich in die Geschichte der Insel vertiefen will, sollte das *Öömrang Hüs* besuchen, ein Reetdachhaus aus dem 18. Jahrhundert. Eine Ausstellung widmet sich Kapitän Hark Nickelsen, der, selbst einmal Sklave, durch Menschenhandel zu einem der reichsten Männer seiner Zeit in Nordfriesland wurde.

7

Aerosol-Wanderung auf dem Kniepsand

Startpunkt: Fahrrad-parkplatz am FKK-Zeltplatz
Zeltplatz 2
25946 Wittdün/Amrum

Einfach die beste Luft

Aerosol-Wanderung auf dem Kniepsand

Auf Amrum ist kein eigenes Auto vonnöten, ein Fahrrad reicht völlig aus. Zur Not kann man zu Saisonzeiten auch den Inselbus nehmen. Für die folgende Wanderung starten wir in der Nähe des Leuchtturms und biegen zum FKK-Zeltplatz ab. Ein Stück weiter finden sich Abstellmöglichkeiten für die Räder. Dort laufen wir los: zu Fuß durch die Dünen zum Kniepsand, jener über zehn Quadratkilometer großen, langsam wandernden Sandbank.

Einmal den wunderbaren Blick von der Aussichtsdüne genießen und ab an die Wasserkante. Auf dem Weg dorthin passieren wir in der Saison sogar eine Toilette, quasi mitten in der Wüste. Am Meer heißt es: tief durchatmen – auf Amrum das A und O. Der Salzgehalt der Luft ist generell hoch auf der Insel. Und je näher man der Wasserkante kommt, desto höher die Konzentration des maritimen Aerosols. Jene gehaltvolle Zusammensetzung der Salzwassertröpfchen fördert die Sekretbildung der Atemwege. Nie war Naseputzen angenehmer! Außerdem gilt die Inselluft als äußerst allergen- und schadstoffarm. Bestens für die Bronchien also, gut gegen Erkältungen, lindernd bei Asthma.

Doch Wind, Meer und Sonne können noch mehr. Der Kopf wird frei von trüben Gedanken, der Körper entspannt, die Produktion von Vitamin D steigt. Im Winter wird die Wirkung der Aerosole durch die steifere Brise gesteigert. Heute ist ein sonniger Tag, und wir schlendern an der Kante entlang. Jeder nach seinem Gusto, ohne Kilometerzähler. Ob alleine, zu zweit oder zusammen mit Freunden oder der ganzen Familie, der Spaziergang am Wasser bereitet Spaß. Vielleicht lassen wir uns ein Stück weit im Wind treiben. Auf dem Rückweg bläst er Schlieren über den Boden, der Sand kriecht unter die Kleidung und prickelt auf der Haut. Daher der Name »Kniepsand«: Auf Amrumer Friesisch heißt »kniap« schlicht »kneifen«.

Wer möchte, zieht die Schuhe aus, um am Meeressaum barfuß durch das kühle Nass zu waten. Auch eine Form von Kneippen. Jedenfalls fördert das Wassertreten die Durchblutung und regt den Kreislauf an.

8

Radtour auf Amrum
Startpunkt: Fähranleger
Höhe Inselstraße 14
25946 Wittdün/Amrum

Restaurant Dörnsk an Köögem
Uasterstigh 19
25946 Nebel/Amrum
04682 2503
www.amrum.de/gastronomie-auf-amrum

Wind im Haar

Mit dem Rad über die Insel

Beginnen wir eine halbe oder ganze Inselrunde mit dem Rad am Fährhafen in Wittdün. Zunächst halten wir uns rechts am westlichen Ufer und folgen dem Weg am Watt entlang gen Norden. Die ruhige Seite Amrums, eine Welt aus Blau und Grün, Wasser und Wiesen. Den ersten Stopp können wir in Steenodde einlegen, einem Friesendorf mit Reetdachhäusern, einem Segelhafen und Strand. Wer sich für Hügelgräber interessiert, wird in der Gemeinde fündig: links dem Stianoodswai folgen, bis ein schmaler Weg rechts zum *Eesenhuug* führt. Im Anschluss zurück zum Watt, auf Höhe der Mole gibt es öffentliche Toiletten.

Weiter geht es nach Nebel, dem wohl schönsten Ort Amrums. Ein Halt ist obligatorisch, kulinarisch wie kulturell. Besuchen wir die weiße Kirche Sankt Clemens aus dem 13. Jahrhundert. Auf deren Friedhof berichten uns die *Sprechenden Grabsteine* von berühmten Amrumer, die zur See fuhren. Das *Öömrang Hüs* erzählt uns vom Alltag der Nordfriesen im 18. Jahrhundert. Nun könnten wir uns in einem Café stärken, über den Strunwai die Insel queren und auf der anderen Seite am Badestrand von Nebel halten. Die Räder abstellen, die Füße in den Sand stecken. Und durch den duftenden Inselwald zurück in den Süden radeln. Somit hätten wir das Eiland halb umrundet.

Wer hingegen von Wittdün bis Norddorf und zurückfahren möchte, benötigt Zeit und Energie für gut 20 Kilometer, teilweise bei Gegenwind. Ab Nebel folgen wir weiter dem Alten Wirtschaftsweg am Ostufer bis Norddorf, wo sich eine weitere Pause anbietet, allein für ein Häppchen in einem Dorf- oder Strandlokal. Auch hier stehen sanitäre Anlagen bereit. Der Norden der Insel verläuft zu einem schmalen Zipfel, ohne die Dünen im Westen wäre das Wasser auf beiden Seiten zu sehen. Wer mag, radelt durch das Naturschutzgebiet der Odde, bis der Weg endet. Da verspürt man es wieder, jenes typisch Amrumer Gefühl von Freiheit. Den Wind im Haar und die Sorgen wie weggeblasen.

»Dörnsk an Köögem« bedeutet auf Amrumer Friesisch »Stube und Küche«. Im gleichnamigen Restaurant in Nebel schmecken die Waffeln und das friesische Ofenbrot bestens.

9

Museum *Kunst der Westküste*
Hauptstraße 1
25938 Alkersum/Föhr
04681 747400
www.mkdw.de

Und überall das Meer

Museum *Kunst der Westküste*

Ohne einen Abstecher nach Alkersum geht es nicht. Mitten zwischen reetgedeckten Häusern strahlt ein Glanzpunkt in der nordfriesischen Museumslandschaft für alle Kunstinteressierten: das *Museum Kunst der Westküste.* Zwar besitzt die Stiftung eine umfangreiche Sammlung, die sich auf die Zeit von 1830 bis 1930 konzentriert, zeigt aber jedes Jahr nur einen Ausschnitt davon, stets unter einem anderen Aspekt. Darunter Werke aus den Niederlanden, Deutschland, Dänemark und Norwegen als Ländern der Westküste. Sujets von Küstenstrichen, von schäumendem bis ruhigem Meer. Von Landschaften und Menschen.

So auch die Bilder des Künstlers Otto Heinrich Engel. Immer wieder zog es ihn nach Föhr, bis er gewissermaßen zum Inselmaler wurde. Worüber man sich heute nur freuen kann, hielt er doch die Lebenswelt der Dorfbevölkerung Ende des 19. Jahrhunderts und Anfang des 20. Jahrhunderts auf Leinwand fest. Werke von Max Liebermann gehören ebenso zum Bestand wie solche von Edvard Munch, von den Mitgliedern der Künstlerkolonie Skagen oder von Piet Mondrian. Hinzu kommen die wechselnden Präsentationen der Gegenwartskunst, die Schöpfungen diverser Genre der *Artists in Residence* auf Föhr.

Mittlerweile kann das Museum mit seinen Ausstellungen innerhalb eines erweiterten architektonischen Rahmens glänzen, der sich in die vorhandenen Strukturen einfügt, ohne sich aufzudrängen. Der verspiegelte Glasgang des Neubaus reflektiert die Umgebung mitsamt traditioneller Architektur und erzeugt die Illusion größerer Tiefe. Bis auf die Galerie oberhalb von *Grethjens Gasthof* ist das Museum barrierefrei. Und wer die Enkelkinder für den Besuch mit einplant, wird sich besonders über das Workshop-Angebot für alle Altersstufen freuen.

Tipp: eine Weile im Garten des Museums oder in *Grethjens Gasthof* verweilen. Vielleicht ein Stück Kuchen essen oder ein Süppchen schlürfen. Ein kleiner Schnack mit den Tischnachbarn. Perfekt.

10

Kirche St. Johannis
Karkstieg
25938 Nieblum/Föhr
04681 4461
www.friesendom.de

Föhrer Teestube und Café Hof Pergande
Poststraat 7
25938 Nieblum/Föhr
04681 580143
www.hof-pergande.de

Konzert bei Kerzenschein

Der Friesendom Sankt Johannis

In Nieblum streckt sich der sogenannte Friesendom in den Wolkenhimmel, ein rustikaler Backsteinbau, eine Schönheit aus dem 12. Jahrhundert. Es ist eine jener Kirchen, die sich wie ein Kokon anfühlen, sobald man sie betritt. Klein und kuschelig, hinzu kommt die nordische Note mit den blauen Bänken. Zwischen dem Kalk durchblitzender Backstein und ein in der Luft schwebendes Schiff, das auf die Seefahrervergangenheit der Föhrer hinweist. Kein Kunstwerk zu viel, das von der mittelalterlichen Architektur ablenken könnte. Lebhaft im Ausdruck allein ist der Taufstein aus romanischer Zeit sowie der spätgotische Altar.

Sankt Johannis ist eine von diesen Kirchen, in denen man noch einmal heiraten möchte, ganz spontan. Ein Konzert bei Kerzenschein tut es natürlich auch. Die Intimität des Raumes erscheint noch größer, als die Orgelpianistin jeden Einzelnen schon im Foyer begrüßt. Sie hält eine kurze Rede zur Erläuterung der ausgewählten *Tänze und Toccaten*. Eine ebenso wilde wie durchdachte Mischung.

Den Laien mag es überraschen, wie vielseitig eine Orgel klingen kann. Leicht, geradezu hüpfend und verspielt, herausfordernd, temperamentvoll, komplex, grollend und anspruchsvoll. Was ebenfalls an den ausgewählten Stücken von Bach bis Piazzolla liegt. Eine musikalische Reise also. Vor allem die argentinische Note breitet sich aufregend exotisch in die Nieblumer Kirche aus. Tango auf der Insel im Wattenmeer. Er führt die Gäste kurz in eine rauchige Hafenbar am Rio de la Plata. In eine der zahlreichen Milongas von Buenos Aires. Noch eine Toccata von Boëllmann, und alle kehren zurück ins Hier und Jetzt. Mit strahlenden Augen applaudieren sie der Musikerin.

Urgemütlich ist die *Föhrer Teestube* in der Poststraat. Ein Gaumenschmaus sind die köstlichen Waffeln, empfohlen mit Sahne und Erdbeeren, je nach Saison. Oder ein Stück vom hausgemachten Kuchen zum Kaffee oder Tee.

11

Dr.-Carl-Häberlin-Friesen-Museum
Rebbelstieg 34
25938 Wyk/Föhr
04681 2571
www.friesen-museum.de

Restaurant Alt Wyk
Große Straße 4
25938 Wyk/Föhr
04681 3212
www.alt-wyk.de

Ein Blick zurück

Dr.-Carl-Häberlin-Friesen-Museum

Vor 130.000 Jahren war Föhr von den Gletschern der letzten Eiszeit bedeckt, verrät das Friesen-Museum in Wyk. Wer tief in die Identität der Insel eintauchen will, ist an diesem Platz goldrichtig. Da der Heimatforscher Dr. Carl Häberlin am Aufbau der Sammlung umfassend beteiligt war, trägt die 1908 eröffnete Einrichtung seinen Namen. In der Hauptausstellung und auf dem Freilichtgelände bieten sich für alle Altersklassen verschiedene Pfade in die Vergangenheit Föhrs.

Die erste Besiedlung der Insel ging während der Steinzeit von Jütland aus. Auch Funde aus der Wikingerzeit wurden nachgewiesen, Alltagsgegenstände am Ringwall nahe Borgsum. Warum man das Areal durch einen Bogen aus zwei Unterkieferknochen eines Blauwals betritt? Föhringer heuerten ab dem 15. Jahrhundert beim Heringsfang um Helgoland an und ab dem 17. Jahrhundert beim Walfang und Robbenschlag im nördlichen Eismeer. Bauholz war rar auf der Insel, so verbauten die Seeleute für Gartenzäune oder Geräte Walknochen. Einer der zehn Ausstellungsräume thematisiert historische Fangmethoden. Was die Gäste heute ebenfalls schockieren mag: Die Seehundjagd galt im aufkommenden Tourismus des 19. Jahrhunderts als Urlaubsaktivität. Noch bis 1973 durften die Robben auf Föhr getötet werden. In den 1850er- und 1870er-Jahren suchten die Insulaner das große Glück in Amerika. Nicht wenige kehrten im 20. Jahrhundert zurück und etablierten den *Manhattan* als Kultgetränk.

Das Freilichtmuseum beherbergt zudem das älteste Gebäude von Föhr, das Olesen-Haus von 1617. Im Außenbereich und im Untergeschoss des Haupthauses lässt es sich mühelos umherstreifen. In die obere Etage des Museums gelangt man über eine Treppe. Mit den Enkeln oder in einer Gruppe kann man während einer Führung gemeinsam in eine andere Zeit eintauchen. Als es noch Bockwindmühlen auf der Insel gab und reetgedeckte Scheunen wie die hübsche Rarität auf dem Gelände. Beliebt bei allen ist der Rosengarten mit etwa 100 Sorten.

Wer exquisite Küche liebt, den werden die Genüsse im Sternerestaurant *Alt Wyk* erfreuen. Delikatessen wie Seezungenroulade auf Spinat und Safransauce.

12

Hotel-Restaurant
Anker's Hörn
Mayenswarf
25863 Langeneß
04684 291
www.ankers-hoern.de

Kiosk Rixwarf
(April–Oktober)
Nordmarsch
25863 Langeneß
04684 2829624
www.hilligenley.de

Mitten im Wattenmeer

Hotel-Restaurant *Anker's Hörn*

Seehunde auf einer Sandbank – bereits auf dem Schiff setzt der Effekt ein: Wer auf das glitzernde Wasser schaut, vergisst Zeit und Raum. Auf Langeneß wartet jemand von der Hotelbelegschaft, bequem werden wir mit dem Auto zur Mayenswarf gebracht. Der Bezeichnung für die aufgeschütteten Erdhügeln, jenen Warften, fehlt auf Langeneß das »t« am Ende.

Sämtliche Zimmer im *Anker's Hörn* sind nach verschwundenen Halligen benannt. Wer aus dem Fenster sieht, hinaus auf die Terrasse oder Wiese geht, blickt in endlose Weite und immer aufs Watt. Es ist genau dieses Gefühl von Grenzenlosigkeit, das einem das Herz aufgehen lässt. Schafe grasen friedlich, und nichts als der Wind ist zu hören, der über die Landschaft fegt. Amrum und Föhr befinden sich in Sichtweite, aber das Entscheidende ist: Selten kann man so nah am Meer wohnen. Zumindest an der Nordsee ist das schwierig, denn meist liegt ein Deich zwischen dem Land und der See. Ein Hauch von Melancholie und Einsamkeit weht mit im Nordseewind, auf Langeneß spürt der Mensch die Kraft der Natur und die Abhängigkeit von ihr. Wenn der Blanke Hans mal wieder vor der Tür tobt und die Hallig unter Wasser setzt, sodass nur noch die einzelnen Warfen herausragen. Das passiert meist im Herbst oder Winter.

Uns bleibt viel Zeit zu genießen, in der hoteleigenen Sauna zu entspannen. Das kulinarische Angebot im *Anker's Hörn* weiß gleichfalls zu verwöhnen: vom Nachmittagskuchen, zum Beispiel der fantastischen Friesentorte, bis hin zum typischen Dessert in Form von roter Grütze. Dazwischen vielleicht eine gebratene Scholle. Nun aber nichts wie raus. Das Wetter ändert sich im Stundentakt, und man entwickelt eine gewisse Nonchalance gegenüber dieser Tatsache, die sich nun mal nicht ändern lässt. »Dann ist das eben so!«, weiß der Nordfriese.

Wenn im *Anker's Hörn* keine E-Bikes mehr verfügbar sind, können Räder, Pedelecs oder ein E-Auto auf der Rixwarf ausgeliehen werden – um jeden Winkel der Hallig zu entdecken, die Restaurants, Cafés und das Museum.

13

Pellworm Weststrand
Alte Kirche
25849 Pellworm

PelleWelle Freizeitbad
Uthlandestraße 6
25849 Pellworm
04844 990449
www.pellworm.de

Schafe im Sonnenuntergang

Weststrand an der Alten Kirche

Pellworms Strände sind im Winter unsichtbar. Allesamt grün, sind sie dem Deich abgetrotzt, der die Marschinsel säumt und vor Hochwasser schützt. Im Sommer ist jeder Badebereich am wichtigsten Mobiliar zu identifizieren, den Strandkörben. An windigen Tagen lässt sich darin bequem Zeit mit einem Buch verbringen, ohne auf den Meerblick zu verzichten.

Rund um Pellworm verteilen sich mehrere Strände, so steht *Hörn* nahe der Nordermühle bei FKK-Liebhabern hoch im Kurs. Die Badestelle am Anleger *Hooger Fähre* im Norden ist wie die am Leuchtturm beliebt bei Familien. Um die Ruhe und den Sonnenuntergang zu genießen, bietet sich der schöne Abschnitt hinter der Alten Kirche im Westen an. Jenseits des Deichs sind öffentliche Sanitäranlagen schnell zu erreichen. Kaffee und Kuchen oder herzhafte Gerichte bietet unweit das *Restaurant zur Alten Kirche*. Der Weststrand ist umzäunt, Schafe haben keinen Zutritt. Mit rhythmischem Rupfen des Grases und gelegentlichem Blöken ziehen sie vorbei. Bei Hochwasser vermischen sich ihre Rufe mit dem Plätschern der Wellen.

Auf Pellworm ist das Baden gezeitenabhängig. Einmal bei auflaufender Flut im Meer, gibt bisweilen der Untergrund unter den Füßen leicht nach. Keine Sorge, Schlick gilt als gesunde Materie. Mutige zieht es beizeiten auf eigene Faust zum Wattwandern hinaus, zur Sicherheit sollte davor der Tidenkalender geprüft und jemand informiert worden sein, etwa im Hotel. Am besten schließt man sich einer geführten Tour an, auch um Schlicklöcher zu vermeiden. Von allen nordfriesischen Inseln gilt Pellworm als diejenige mit der höchsten Intimität. Die Nachricht einer Seehundsichtung am Strand kann sich wie ein Lauffeuer verbreiten.

Abends füllt sich der Deich im Westen erneut, alle warten auf den Sonnenuntergang. Langsam senkt sich der Feuerball über das Wasser, in der Ferne blinkt der Amrumer Leuchtturm. An warmen, windstillen Tagen ist mit etwas Glück das Meeresleuchten zu erleben.

Bei Regenwetter bietet sich das Freizeitbad *PelleWelle* an, wo man nicht nur schwimmen oder saunieren, sondern auch Kurse wie Wassergymnastik besuchen kann.

14

Rungholtmuseum Hellmut Bahnsen
Westerschütting 2
25849 Pellworm
04844 569

Schipperhus Pellworm
Tammensiel 26
25849 Pellworm
04844 9902266
www.schipperhus-pellworm.de

Der verschwundene Ort

Rungholtmuseum

Manchmal gibt das Meer Kulturgeschichte preis. Wer auf Pellworm eine Wattwanderung unternimmt, stößt hin und wieder auf die Spuren untergegangener Siedlungen, an bestimmten Orten ist das Watt voll davon. Bei dem Pellwormer Hellmut Bahnsen lösten die ersten Funde Anfang der 1970er-Jahre eine wahre Sammelleidenschaft aus. Nun sitzt der Rentner im eigenen Museum auf seinem Grundstück, freut sich über Interessenten und beantwortet gerne Fragen. An bestimmten Tagen führt er durch die Ausstellung, siehe Veranstaltungskalender der Insel.

Schätze wie Tonscherben, Krüge und Knochen hat Bahnsen nach den Fundorten im Watt vor der Alten Kirche, in Buphever und Waldhusen sortiert. Was wie ein wildes Sammelsurium wirkt, hat System. Seine erste Entdeckung? Eine Scherbe aus dem 18. Jahrhundert, in den 1970er-Jahren war das. Schon 1980 hatte Bahnsen genug zusammengetragen, um ein kleines Museum in Westerschütting neben seinem Wohnhaus zu eröffnen. Eigentlich war der Hobby-Archäologe mal Fischer und arbeitete lange Zeit als Küstenschützer. In die Geschichte der Gegend hat sich der Autodidakt eingelesen, und zu Rungholt hat er seine eigene Meinung. Manche verorten die untergegangene Stadt im Norden, andere im Westen von Südfall. Laut Bahnsen liegen die Überreste größtenteils unter der Hallig.

Einst bildeten die Inseln Pellworm und Nordstrand eine Einheit: Die Landschaft Strand war von zahlreichen Wasserläufen durchzogen. Doch nicht nur die großen Sturmfluten rissen sie auseinander, auch der vom Menschen betriebene Salztorfabbau begünstigte die Entwicklung. Ein Mythos rankt sich um die versunkene Stadt. War Rungholt ein lebhafter Handelsort? Heute ist es so still wie das Watt. Wenn manche Leute behaupten, dass hin und wieder Kirchenglocken zu hören seien, schüttelt Bahnsen nur den Kopf.

Heiße Waffeln und Kuchen gibt es gleich neben dem Rungholtmuseum im Café *Elfenland*. Im Tammensieler *Schipperhus* liegt der Schwerpunkt auf Pizza und Flammkuchen, aber regional interpretiert, zum Beispiel mit Backensholzer Bio-Käse.

15

Wattwanderung zur Hallig Süderoog
Startpunkt: Treffpunkt WW4
25849 Westerschütting/ Pellworm

Kur- und Tourismus-service Pellworm
Uthlandestraße 6
25849 Pellworm
04844 18940
www.pellworm.de

Mikrokosmos Hallig

Wattwanderung ab Pellworm

Knud Knudsen trifft die bunt gemischte Gruppe an der Abgangsstelle *WW4* im Südwesten von Pellworm. Sogar Hunde sind dabei. Der Hallig-Postbote läuft die sechs Kilometer bis nach Süderoog sommers wie winters mehrmals in der Woche und kennt quasi jeden Wattwurm beim Namen. Heute begleiten wir ihn auf einer Wanderung zum Landflecken im Watt.

Zunächst macht er uns auf einen Priel aufmerksam; das Wasser würde an dieser Stelle bis zum Knie reichen. An anderen Stellen wate man hingegen knöcheltief durch den Schlick. Manche der Anwesenden laufen barfuß, andere haben sich für Wattschuhe entschieden. Angenehm und gesundheitsförderlicher ist gewiss erstere Option, doch wer empfindliche Sohlen hat, könnte unter Muschelschalen leiden. Knud nicht. Der Mittsechziger legt ein gewisses Tempo vor, denn vor der auflaufenden Flut muss die Gruppe wieder zurück auf Pellworm sein.

Zu Sonnencreme und Hut sei geraten bei der Wanderung, da das Watt die Sonnenstrahlung stark reflektiert. Während des Spaziergangs kommen wir schnell mit anderen Gästen ins Gespräch, so vergeht die Zeit wie im Flug. Die auf Süderoog lebende junge Familie empfängt ihre Gäste mit Kaffee und Kuchen – oder Suppe, je nachdem, was Knud im Vorfeld geordert hat. Der frische Zitronenkuchen schmeckt köstlich.

Leider steht uns nur eine Stunde zur freien Verfügung. Wer mag, begleitet nach der Stärkung die Bewohner durchs Haus und erfährt dabei einiges über das Leben und die Arbeit mitten im Wattenmeer. Es ist ein eigener Mikrokosmos, allein wegen der Tiere des Archehofs und der Wildvögel. Vor allem im Winter, wenn die Familie keine Gäste empfängt. Umso mehr bringt dann der Sommer. Und wer den Weg durchs Watt zu Fuß scheut, kann an bestimmten Tagen auch mit einem Boot anreisen – je nach Tide.

Zwischen Juni und September kann man Konzerte bei Kerzenschein erleben, wenn europäische Musiker die Arp Schnitger zugeschriebene Orgel in der Alten Kirche Sankt Salvator auf Pellworm zum Klingen bringen.

16

Kutschfahrt zur Hallig Südfall
Startpunkt: Strand Fuhlehörn
Westen 93
25845 Nordstrand
04842 300
www.wattenkutscher.de

Im Trab durchs Watt

Kutschfahrt ab Nordstrand

Die Fjordpferde ziehen an, gemächlich ruckelt die Kutsche ein Stück den Deich hinunter und schließlich auf einen steinigen Pfad. Unser Ziel ist die Hallig am Horizont.

Für die sieben Kilometer lange Strecke werden wir etwa eine Stunde mit der Kutsche benötigen. Südfall liegt in der *Schutzzone 1* des Nationalparks, die nur mithilfe der Pferde oder bei einer geführten Wanderung besucht werden kann. Wir erreichen das Watt, wo der Meeresboden noch im Morgenlicht glitzert. Wo nichts ist, so weit das Auge reicht. Das legendäre Rungholt liegt irgendwo in der Nähe unter der Erde, zwischen Südfall und Pellworm. Ausgelöscht im 14. Jahrhundert. Mit der Großen Mandränke von 1362 entstand Südfall gemeinsam mit Nübell und Nielandt, die in späteren Sturmfluten jedoch wieder von der Landkarte verschwanden.

Südfalls einzige Warft, die wir schon von Weitem ausmachen können, wurde im 19. Jahrhundert errichtet. Als wir uns dem Landflecken nähern, durchbricht ein Chor von Vogelstimmen die Stille. Deutlich erkennbar darunter die Austernfischer mit ihren charakteristischen Trillerlauten.

Insgesamt misst die Hallig gerade einmal 56 Hektar. Aber für Gunda und Gonne Erichsen reicht das völlig aus. Zwar schlickt das Land langsam auf, doch ohne menschliches Zutun wäre Südfall längst verschwunden. Von März bis November wohnt die Vogelwartin mit ihrem Mann mitten im Watt, beide sind im Küstenschutz aktiv.

Wir dürfen nun den Ziegen und Schafen »Moin« sagen. Einige Gäste zieht es gleich zu Kaffee und Kuchen oder gar zu herzhaften Gerichten. Uns reizt, einen Blick durch ein aufgestelltes Spektiv zu werfen und Brutvögel aus der Ferne zu bewundern. Rasch ist die Zeit auf der Hallig abgelaufen, wir müssen den fragilen Flecken Erde noch bei Niedrigwasser verlassen.

Die insgesamt dreieinhalbstündige Tour beginnt und endet am Strand von Fuhlehörn, der nach der Tour noch zum Barfußlaufen einlädt. Sanitäranlagen und ein Kiosk sind ebenfalls vorhanden.

17

Tagesausflug nach Helgoland
(April–Oktober)
Ableger: Helgolandkai
25761 Büsum
04721 667600
www.cassen-eils.de

***Das Emma James* Schokolade & Café am Meer**
J.-A.-Siemens-Terrasse 146
27498 Helgoland
04725 8006648
www.das-emma-james.de

Börteboot und Buntsandstein

Tagesausflug ab Büsum

Die Nordsee glitzert im Morgenlicht, die Freude steigt. Nach zweieinhalb Stunden auf dem Wasser zeigt sich Helgoland in voller Schönheit, ein roter Fels im Meer. Zum sogenannten Ausbooten kommen die Helgoländer traditionell mit Börtebooten ans Schiff. Jedem Passagier wird mit geübten Griffen an Bord geholfen, alles läuft wie am Schnürchen. Ein Erlebnis, das zwischen April und Oktober zu Helgoland gehört wie die Hummerbuden und die Lange Anna. Näher am Wasser, näher an der Helgoländer Geschichte. Nur dass die Börtebootführer heute nicht mehr rudern wie vor 100 Jahren. An der soliden Form der zehn Meter langen Eichenholzkähne hat sich seit den 1950er-Jahren allerdings nichts geändert. Heute zählt das traditionelle Ausbooten zum immateriellen Kulturerbe Schleswig-Holsteins.

An Land führt der Weg zunächst zu den knallbunten Hummerbuden. Vielleicht um ein Brötchen mit »Knieper« zu erstehen, dem Fleisch aus den Kneifzangen des Helgoländer Hummers. Im Unterland reiht sich Laden an Laden, alles zollfrei. Hier und dort wirkt Helgoland wie konserviert. Ein Zeitsprung, Jahrzehnte zurück. Begeben wir uns ins Oberland, komfortabel mit dem Fahrstuhl oder sportlich über 184 Stufen, und folgen den Schildern zum Rundweg den Felsen entlang. Bewundern das längs gestreifte Muster des Buntsandsteins. Aber wo sind die Lummen? Immer dem Geschrei nach. Je nach Zeitpunkt sind es allerdings Möwen, die am Fels brüten.

In die andere Richtung führt der Weg zum Mittelland, das nach dem Krieg durch Sprengung eines Waffenlagers entstand – fast wäre dabei die ganze Insel in die Luft geflogen. An Info-Pyramiden erfahren wir alles über Piraten, Schmuggel und die wechselvolle Geschichte Helgolands. Und die Zeit bis zur Abfahrt des Schiffes vergeht wie im Flug.

Das Café *Emma James* auf Helgoland ist ideal für alle, die gute Schokolade lieben. Und Pralinen. Und Kuchen. Oder bei Schietwetter eine *Tote Tante* mit hausgemachter Schokolade.

18

Helgoland-Düne
(April–Oktober)
Ableger: Landungsbrücke 5
27498 Helgoland

Helgoland Tourismus-Service
im »Atoll«
Lung Wai 27
27498 Helgoland
04725 808808
www.helgoland.de

Das süße Nichtstun

Nebeninsel Düne

Es gibt nur einen Weg zur Düne: mit dem Boot. Die kleine Fähre pendelt zwischen der Haupt- und der Nebeninsel hin und her. Einst bildeten Helgoland und das heutige Badeparadies eine Einheit, doch im 18. Jahrhundert brach der Wall aus Sand und Kreide. Im Jahr 2011 entschieden die Helgoländer sich gegen die Idee, den Wall künstlich aufzuschütten. So bleibt die

Düne abseits der tagestouristischen Ströme, was für Mensch und Tier besser ist.

Wer am Anleger aussteigt und nach rechts geht, wird die Robben schnell erblicken. Schuhe aus, und ab in den Sand! »Bitte 30 Meter Abstand halten«, heißt es auf den Schildern. Nicht selten ist ein Ranger zugegen, an dieser Stelle oder ein Stück weiter, wo sich die Seehunde zu den Kegelrobben gesellen. Stundenlang könnte man den Meeressäugern zuschauen und zuhören. Ihr Repertoire reicht vom Schnarchen und Grunzen bis hin zum Bellen. Manchmal sieht es so aus, als würden sie begeistert in die Flossen klatschen, manchmal klopfen sie sich selbstzufrieden auf den wohlgerundeten Bauch. Genüsslich strecken sie sich der Sonne entgegen und scheinen allein durch ihre Körperhaltung auszudrücken: Das Leben ist schön.

Zieht man weiter den Strand entlang, schiebt sich der rotweiß gestreifte Leuchtturm ins Blickfeld, die Strandkörbe, die Beachvolleyball-Spieler. Zur Linken ein Strandlokal und Toiletten. Egal ob Strandrollstühle oder Strandrollatoren, der Südstrand bietet einiges. Und Helgoland profitiert vom Golfstrom, ist stolz auf seine Sonnenstunden, die milden Winter und nie zu heißen Sommer. Nun ist es an der Zeit, das Handtuch im Sand auszubreiten oder sich direkt umzuziehen und ins türkisblaue Wasser einzutauchen. Im ersten Moment erscheint das Wasser recht frisch, was an warmen Tagen jedoch die reinste Wohltat ist. Besser als in der Karibik.

Noch schöner ist es, anschließend auf der Düne zu übernachten. Neben den bunten Holzhäusern haben auch die prämierten *Wikkelhouses* Platz gefunden, ökologische Kleinsthäuser aus Holz, Flachs und Pappe.

Nordfriesisches Festland

Toiletten
ST.PETER

19

Stiftung Seebüll Ada und Emil Nolde
(März–Oktober)
Seebüll 31
25927 Neukirchen
04664 983930
www.nolde-stiftung.de

Café Seebüll
04664 983970
www.nolde-stiftung.de/cafe-oeffnungszeiten

Im Farbrausch des Künstlers

Museum *Stiftung Seebüll Ada und Emil Nolde*

Es gibt diese Sommertage an der Küste, leicht wie der Wind. Perfekt für einen Besuch der *Nolde Stiftung* in Seebüll. Schon beim Ankommen beschleicht einen das Gefühl, in der Mitte von Nirgendwo gelandet zu sein. Genau das wollten Ada und Emil Nolde wohl, als sie in den 1920er-Jahren hierherzogen. Am Anfang war da nur eine Warft mit Wiesen rundherum, aber das Ehepaar hatte genaue Vorstellungen. Sie tauften den Ort Seebüll, entwarfen Haus und Garten selbst.

Auf schmalen Pfaden wandelt man heute durch Noldes Farbrausch, im Museum und im Grünen. Um einen herum brummen die Hummeln, summen die Bienen, zwitschern die Vögel. Raffiniert, wie der Garten nach den Initialen des Ehepaares angelegt ist: »AE« in Form von Wegen. Das reetgedeckte Häuschen zwischen den Blumen fällt auf, eine Mischung aus Friesenkate und Südseehütte, die es den Noldes schon im Frühjahr erlaubte, sich inmitten der ebenso wilden wie durchdachten Komposition aus Stauden und Sträuchern, Obstbäumen und Gemüsepflanzen aufzuhalten. Die Blütenpracht steht bei Schmetterlingen hoch im Kurs. Schon im April öffnen sich erste Knospen, die letzten im Oktober. Den schönsten Farbrausch erlebt man von Juni bis August.

Im Hintergrund thront die 1920er-Jahre-Architektur des Wohn- und Ateliergebäudes, das mit seiner nüchternen Form an den Bauhaus-Stil erinnert. Im Erdgeschoss sind original möblierte Zimmer einzusehen, eine kleine Treppe führt ins obere Stockwerk zu Noldes Bildern. Die Ausstellungsräume im Forum hingegen sind barrierefrei und mit einem Aufzug ausgestattet. Jedes Jahr widmet sich die Stiftung mit einem anderen Thema dem Schaffen des Künstlers. Großformatige Werke in kräftigen Farben, Gemälde, Aquarelle sowie grafische Blätter beeindrucken, denn der Maler experimentierte ebenfalls mit Holzschnitt, Lithografie und Radierung.

Nehmen Sie gemütlich im Café der Stiftung Platz, bei Sonne am liebsten draußen. Die *Niebüller Backstube* bietet neben Torten und Kuchen sogar Frühstück und eigene Eiskreationen.

20

Hülltofter Tief
Startpunkt: Parkplatz
Rosenkranzer Straße 42
25927 Aventoft

Auf den Spuren des Malers

Spaziergang um den See *Hülltofter Tief*

Die Grenze zu Dänemark verläuft mitten durch den Ruttebüller See. Eine Rohrweihe segelt lautlos über das Schilf und verschwindet darin. Rechts und links grasen Schafe auf dem Deich, ein Fischer steht in seinem Boot und wirft die Angel aus. Im Grenzdorf Rosenkranz steht die Zeit still. Geht man zu den Fischerhäusern und biegt dann links in den Noldeweg ein, breitet sich die gesamte Weite der Landschaft vor einem aus. Das dichte Grün. Und diese Ruhe. Wie ein unerwartetes Geschenk.

Wir tun es dem Maler Emil Nolde gleich, der sein Haus im nahen Seebüll errichtete und gerne zwischen Rosenkranz und dem Hülltofter Tief, einem kleinen See, umherstreifte. Eine weiße Brücke führt über den Wasserlauf, der das Binnengewässer mit dem Ruttebüller See verbindet. Der Pfad heißt nun *Seebüll* wie die Warft des Malers und führt genau dorthin.

Wer will, unterbricht den kurzen Spaziergang für einen kulinarischen Stopp im Café bei der Nolde-Stiftung. Um auf dem Weg zu bleiben, geht man links vom Café am Spielplatz vorbei und überquert einen weiteren weißen Steg. Nun schlängelt sich der Pfad und wird von grasenden Kühen flankiert, die den Spaziergänger neugierig beäugen. Ein paar nette Worte tun ihnen gut.

Nach kurzer Zeit erreicht man das Hülltofter Tief, das über eine Badestelle verfügt. Nolde fischte an diesem Platz gerne. Im Sommer tummelt sich bisweilen ein Kanu oder ein Boot auf dem Wasser, einige kommen zum Schwimmen her. In der Nähe befindet sich ein Parkplatz mit Toiletten. Für den Rückweg kann man entweder den befahrenen Nordosterdeich entlanggehen oder noch besser auf derselben grünen Strecke umkehren. Einfach, um die Stille in der Idylle zu genießen.

Tipp: im Herbst zum Ballett der Stare an den Ruttebüller See fahren und gemeinsam mit den dänischen Passanten über das Phänomen »Sort Sol« staunen. Während der »Schwarzen Sonne« tanzen die Vögel am Himmel.

21

Eck's Kino Niebüll
Hauptstraße 37a
25899 Niebüll
04661 4004
www.filmtheater-niebuell.de

Küstenfeeling Café & Mode
Hauptstraße 37
25899 Niebüll
04661 6075927

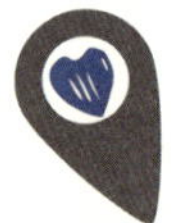

Klingeln vor dem Film

Lichtspielhaus *Eck's Kino*

Bereits im Foyer wirkt das Ambiente lauschig, die Stimmung zwanglos. Gäste, die sich kennen und begrüßen, miteinander reden. Vielleicht liegt es an Niebüll, vielleicht am jeweiligen Film, der eine bestimmte Gruppe von Leuten anzieht. Das feine, kleine Lichtspielhaus vermittelt allein schon eine persönliche Note. Für eine Stadt mit gut 9.000 Einwohnern beherbergt

Niebüll mit *Eck's Kino* geradezu einen Schatz, der sich seit den 1950er-Jahren im Familienbesitz befindet. Doch wer nun an ein gewöhnliches Programmkino denkt, der sei eines Besseren belehrt, umso mehr auch die gängigen Streifen gezeigt werden. Selbst für die Enkel ist einiges dabei.

Die Besucher verteilen sich auf drei Säle, das Große und Kleine Haus sowie das Studio, alle mit einem hervorragenden Raumklang ausgestattet. Popcorn gehört natürlich immer zum kulinarischen Repertoire, doch damit ist es nicht getan. Seit den 1970er-Jahren erfreuen sich im Norden die sogenannten Verzehrkinos großer Beliebtheit. Was bedeutet: Wohnzimmeratmosphäre mit Teppich und Tische mit kleinen Leuchten sowie einer Klingel, um etwas zu bestellen. Am liebsten vor dem Filmbeginn, um die anderen nicht zu stören. Wir gehen über einen rot gemusterten Teppich, der in einem Schloss liegen könnte, farblich aber perfekt auf das Mobiliar aus Holz und die Cordbezüge abgestimmt ist. Die Lampen sind stoffbezogen und spenden Dämmerlicht.

Der Saal füllt sich rasch, ein isländischer Film scheint die Leute zu interessieren. Kein Wunder, dreht er sich doch um Kühe und Milchproduktion, in Nordfriesland ebenfalls allgegenwärtige Themen. So steht man nach der Vorstellung noch plaudernd beisammen. Wer nicht zu satt vom Popcorn ist, nimmt im Bistro Platz, um eine Pizza zu essen. Oder ein Eis zum Dessert. Außerdem kann das Kino mit dem besonderen Flair für eine private Feier gemietet werden.

Machen Sie einen Stadtbummel durch Niebüll und besuchen Sie *Küstenfeeling Café & Mode*, ebenfalls auf der Hauptstraße. Die süßen Speisen sind allesamt frisch gebacken, egal ob Käse- oder Streuselkuchen.

22

Historischer Ochsenweg im Langenberger Forst
Startpunkt: Parkplatz Flensburger Straße
Rechts vom Rastplatz mit Toiletten
25917 Leck

Tourist-Information Leck
in der Gemeindebücherei
Hauptstraße 31
25917 Leck
04662 775000
www.luftkurort-leck.de

Der Duft der Linden

Historischer Ochsenweg im Langenberger Forst

Der größte Wald Nordfrieslands gilt als Juwel der Region. Der Langenberger Forst wartet zudem mit einer interessanten Geschichte auf. Im Mittelpunkt: ein Weg, älter als der Wald selbst. Wir unternehmen eine kurze Wanderung auf den historischen Spuren, die keine besondere Kondition erfordert und zugleich alle Sinne anregt.

Starten wir am Parkplatz nahe der Flensburger Straße. Rechts führt ein Pfad in Richtung Hundefreilauf, links ein anderer schnurstracks in den Wald hinein. Wir nehmen die schmale, fest getretene Route am eingezäunten Hundeplatz vorbei und lassen ihn hinter uns, falls kein Vierbeiner beim Spaziergang dabei ist. Nicht weit davon stoßen wir auf den historischen Ochsenweg und biegen links ab. Die ehemalige Viehtriebstrecke wirkt bisweilen unscheinbar, dann wieder lichtet sie sich und wird breit. Es fällt schwer, sich ganze Rinderherden vorzustellen, die unter anspornenden Rufen hier entlangzogen. Doch ist das Gehölz weit jünger als der Ochsenweg, der aus dem 15. Jahrhundert stammt und heute stellenweise von vitalem Grün überwuchert wird. Der Langenberger Forst ist das Ergebnis einer Bewaldung im 19. Jahrhundert. Rund 1.000 Hektar, auf denen einst die Heide blühte, wurden mit Nadel- und Laubbäumen bepflanzt. Ein bisschen Sand unter den Schuhen mag noch an jene Zeiten erinnern, als das Wattenmeer bis an die Geest reichte. Wenn im Sommer die Linden blühen, meint man, geradewegs durch eine Zuckerwerkstatt zu wandeln, so süß duftet der Wald.

Gekennzeichnete Wege bieten Orientierung im Langenberger Forst, doch am schönsten ist wohl jenes Teilstück des historischen Pfades, das drei Kilometer zwischen den Bäumen entlangführt. Je dichter und undurchdringlicher, desto schöner ein Wald. Man atmet, genießt, versteht, ist bei sich und in der Natur, der es selbst im Winter nicht an Farbe, Details und Duft mangelt.

Holen Sie die Stöcke heraus und folgen Sie beim Nordic Walking einem der gekennzeichneten Rundwege. Oder wandern Sie zu den Fischteichen und zur Rantzauhöhe weiter südöstlich.

23

Badestrand Dagebüll
Am Badedeich
25899 Dagebüll

Dagebüll Niebüll Touristik GbR
Nordseestraße 1
25899 Dagebüll
04667 95000
www.gemeinde-dagebuell.de

Ganz aus dem Häuschen

Baden am Klimadeich

Die im Halbrund an der Wasserkante aufgestellten Badehäuschen und der Fährhafen in Dagebüll gelten als Wahrzeichen der kleinen Stadt an der Nordsee. Viele Besucher befinden sich nur auf der Durchreise nach Amrum oder Föhr. Doch lohnt es sich, im Ort zu verweilen, an dem wir mit besonderem Komfort im Meer schwimmen können.

Schaut man vom Schiff oder Turm am Hafen auf die geschwungene Silhouette der Siedlung, wirkt sie fast wie eine Insel. Durch die Jahrhunderte hat sich die Küstenlandschaft Nordfrieslands immer wieder verändert, so waren Dagebüll, Fahretoft und Waygaard, die heute zum Festland und darüber hinaus zur selben Gemeinde gehören, allesamt einst Halligen. Dagebüll blieb bis zur Eindeichung zu Beginn des 18. Jahrhunderts ein Landfleck im Wasser. Dessen Zentrum bildete der heute zwei Kilometer vom Hafen entfernte Ortsteil Dagebüll-Kirche. Erst 1704 erhielten die Bewohner die Möglichkeit, ihre Heimat besser vor Sturmfluten zu schützen und durch einen Damm mit dem Festland zu verbinden.

Mit Fertigstellung des neuen Klimadeichs erhielt der Ort 2019 ein frisches Aussehen. Natürlich sind schon vorher alle bei Flut ins erfrischende Nass gesprungen, doch nun bietet der Ort mehr Annehmlichkeiten, darunter Barrierefreiheit, neue Duschen, Bänke, Umkleiden und Sandkästen für die jüngste Generation. Toiletten befinden sich am Strandparkplatz hinter dem Deich. Und nicht nur Treppenstufen, sondern eine breite Baderampe führen komfortabel ins Wasser.

Die Tradition der Badehäuschen ist bereits gut 100 Jahre alt, vermutlich wurden sie als Ersatz für die damaligen Badekarren aufgestellt. Im Zuge der letzten Deicherhöhung wären sie fast verschwunden, was die Dagebüller jedoch verhindern konnten. Schließlich geht es nicht nur um die Freude am Badeleben, sondern auch um ein Stück Identität.

Ein paar der neuen Buden gehören der Gemeinde. Man kann eine mieten und authentische Badehäuschenmomente am Wasser erleben.

24

Bottschlotter See
Waygaarderdeich
25899 Dagebüll

Herbststille

Bottschlotter See

Stille, die sich in Farben, Stimmungen, Düften auflöst. Der Geruch von Wasser, das Geschnatter der Gänse. Im Frühjahr und Herbst wirkt der Bottschlotter See wie ein Ort der Meditation. An dem kleinen Platz neben dem Waygaarderdeich bei Fahretoft treffen sich in der Saison Südtonderns Windsurfer. Doch im Oktober herrscht Ruhe am Bottschlotter See, weit und breit niemand zu sehen.

Bevor man durch eine breite Gasse aus übermannshohem Schilf zum See spaziert, fällt der Blick auf die Fenne zur Rechten, hinter der ein Auslassbauwerk in die Höhe ragt. Es bildet einen Teil der Physiognomie der Marschwiesen, aus jener spröden Komposition von Deichen, Sielen, Groden, Kanälen, Gräben, Speicherbecken. Am Bottschlotter See wird der Wasseraustausch mit dem Bongsieler Kanal reguliert. Man kann dieses System von Zu- und Abflüssen bewundern, auch ohne es gänzlich zu durchschauen. Das flache Land strotzt vor Leben. Die Kühe auf der Fenne grasen unermüdlich, man kann ihr Schmatzen hören. Man steht am Ufer, der einzige Mensch weit und breit. Bis von irgendwoher doch Stimmen zu vernehmen sind, während der Wind schweigt. Das Blau des Wassers übt eine Sogwirkung aus.

Man erkennt es nicht mehr, doch der Bottschlotter See ist kein gewöhnliches Binnengewässer. Einst führte er das Wasser eines Priels, eines Meeresarms, durch das Land, bevor es im 17. Jahrhundert eingedeicht wurde. Heute ist der See maximal 1,60 Meter tief, fast überall kann man gut darin stehen, vielleicht um in Wathosen zu angeln. Dafür eignet sich der Ort bestens, abgesehen vom Windsurfen oder Schippern mit motorlosen Booten. Nur der nördliche Teil des Sees bleibt von menschlichen Aktivitäten unberührt. Ein Schwarm von Nonnengänsen erhebt sich rauschend durch die Luft.

Fahren Sie mit dem Rad von Ockholm am Bongsieler Kanal entlang zum Bottschlotter See, eine fünf Kilometer lange flache Strecke. Auf dem Rückweg machen Sie einen Abstecher in den Ort Waygaard, dem man wie Dagebüll die Vergangenheit als Hallig noch ansieht.

25

Kräuter-Simon
(April–September)
Strengweg 1
25842 Efkebüll/
Langenhorn
04672 776799
www.kraeuter-simon.com

Bordelumer Heide und Langenhorner Heide
Startpunkt: Rastplatz an der B5 (mit Toiletten)
25842 Langenhorn

Aroma an erster Stelle

Bioland-Gärtnerei *Kräuter-Simon*

Alles begann auf Föhr. Michael Simon legte dort als Umweltberater einen Schaugarten an. Schnell wollten die Besucher wissen, wo sie die alten Sorten erstehen konnten. So entschieden sich Frauke und Michael Simon für einen Neuanfang. Sie fanden einen Hof auf dem nordfriesischen Festland und legten los. Das erklärte Ziel: eine Bioland-Kräutergärtnerei. Vielfalt. Eigene Produktion. Heute stammt ihr komplettes Angebot aus dem Eigenanbau, schätzungsweise 800 verschiedene Kräutersorten und Gemüse, davon allein an die 60 Sorten Minze.

Wer durch die aufgebauten Reihen im Garten schlendert, kann sich nur schwer entscheiden. So viel Lavendel, so viel Thymian. Doch Frauke Simon hält sich nie weit entfernt auf und hat ein offenes Ohr für Fragen. Sie weiß, warum der Lavendel den Marschboden nicht mag und wo er hingegen gut gedeiht. Auch gibt sie Tipps zur Verwendung der Kräuter. Wer sich vor den 118 Sorten Tomaten wiederfindet, kann ebenfalls leicht den Überblick verlieren. Zur Orientierung ist jedoch jede einzelne von ihnen in ihren Charaktereigenschaften skizziert. *Opas Liebling* beispielsweise soll sich sogar unter freien Himmel gut entfalten.

Frauke Simon weiß, warum ihre Erzeugnisse beliebt sind. Bei ihrer Auswahl der Sorten sei vor allem das Aroma ausschlaggebend. Denn was im eigenen Garten gedeihen soll, muss keine geeigneten Eigenschaften fürs Liegen im Regal entwickeln. Wohl aber sollten die Pflanzen robust sein, um sich im rauen Nordseeklima zu behaupten. Familie Simon benutzt torffreie Erde, düngt organisch und verwendet Nützlinge gegen Schädlinge. Die Pflanztöpfe braucht man nach dem Einpflanzen nicht wegzuwerfen, sondern darf sie zurückgeben. Neben ein paar Cent Pfanderstattung bekommt man ein gutes Gefühl gratis dazu.

Die *Bordelumer Heide und Langenhorner Heide* beschreiben ein 200 Hektar großes Naturschutzgebiet, das sich für leichte Wanderungen eignet. Am schönsten ist es, wenn die Sträucher ab August blühen.

26

Hamburger Hallig
Startpunkt: Amsinck-Haus
Sönke-Nissen-Koog 36a
via Straße: Hamburger Hallig
25821 Reußenköge

Hallig-Krog
Hamburger Hallig
25821 Reußenköge
04671 942788
www.hallig-krog.de

Das Leben der Salzwiesen

Ausflug zur Hamburger Hallig

Insbesondere bei Niedrigwasser, wenn das Meer ein Stück seines Bodens preisgibt, strömt ein starker Duft durch die Luft. Obschon weiter weg, riecht man dann die Nordsee intensiver als bei Flut. Ein idealer Moment, um eine Hallig zu besuchen.

Kein Eiland im Watt ist derart leicht zu erreichen wie die Hamburger Hallig, die im Grunde gar keine Insel, sondern mit dem Festland verbunden ist. Einfach aufs Rad setzen, das gleich neben dem Parkplatz am Amsinck-Haus auszuleihen wäre, oder die flache Straße zu Fuß laufen.

Es war nicht immer so unkompliziert, auf die Hallig zu kommen. Die beiden Großen Mandränken von 1362 und 1634 hatten das Land mit tosenden Wellen zerpflückt und neu sortiert. Nach etlichen Fehlversuchen wurde der Damm zur Hamburger Hallig erst im 19. Jahrhundert errichtet und versandete langsam. Zuvor hatten die Brüder Amsinck, Kaufleute aus Hamburg, im 17. Jahrhundert die Deichrechte erworben. Der Name der Hallig war fortan geprägt.

Die ebene, vier Kilometer lange Strecke zur Wasserkante der Halbinsel führt heute an Salzwiesen vorbei, eine Eigenheit der Küstenlandschaft, eine Art Zugabe des Wattenmeers. Sie entstehen durch die Sedimentablagerungen nach Überflutungen, wachsen und kommen schließlich nur noch bei Sturmflut in Kontakt mit der See. Das Salz bleibt, und weder Strandaster, Strandflieder, Rotschwingel noch Portulak-Keilmelde stört das. Auf dem ausgeschilderten Salzwiesenlehrpfad lässt es sich für ein Weilchen tiefer in die Geheimnisse dieser Welt eintauchen.

Zurück auf der Route stehen Bänke für Ruhepausen bereit. Und zum Genuss der Natur: Vielleicht erhebt sich gerade ein Reiher mit majestätischen Schwingen empor. Die Salzwiese bildet den Lebensraum für zahlreiche Tierarten. Sie gilt als beliebtes Brut- und Rastgebiet für Vögel, darunter Austernfischer und Rotschenkel. Letzterer wird in Nordfriesland liebevoll »Tüter« genannt.

Wer kein Picknick mit den Enkeln an der Wasserkante einplant, kann sich nebenan im Restaurant *Hallig-Krog* stärken. Egal ob mit Pfannkuchen, Waffeln, Wattenmeersalat oder Krabbensuppe.

27

Pharisäerhof
Elisabeth-Sophien-Koog 3
25845 Nordstrand
04842 353
www.pharisaeerhof.de

Heiß und Eis

Pharisäerhof

Der Überlieferung zufolge entstand der Pharisäer – ein starker, gesüßter Kaffee mit Rum und Sahne – im 19. Jahrhundert auf der damaligen Insel Nordstrand. Anlässlich eines Fests wurden Zuckerstücke mit Alkohol beträufelt, in den Kaffee gegeben und dieser mit einer Sahnehaube bedeckt. So sollte der anwesende, recht strenge Pastor keinen Wind davon bekommen, ergo den Rum in den Getränken der Anwesenden nicht riechen. Am Ende fiel der Schwindel jedoch auf, und der Geistliche soll erzürnt »Ihr Pharisäer!« ausgerufen haben. Die Geburtsstunde des Namens und der Erfolgsgeschichte des Heißgetränks, das sich zu einer Art Nationaltrunk in Nordfriesland entwickelte. Die Geburtsstätte des Pharisäers soll der gleichnamige Hof im Elisabeth-Sophien-Koog gewesen sein, etwa zweieinhalb Kilometer Luftlinie von der Wasserkante entfernt.

2011 wurde der Hof mitsamt Café von Familie Scheler übernommen, wobei die Pharisäer-Tradition natürlich fortgeführt wurde. Viel Neues kam hinzu, denn der ehemalige Binnenschiffer, seine Frau Kirsten und Tochter Svenja wollten es nicht bei Kaffee und hausgemachtem Kuchen belassen. Im reetgedeckten Haus aus dem 18. Jahrhundert genießen die Gäste abends regional inspirierte Küche. Auf den Tisch kommen Klassiker wie Krabbenbrot, Matjes, Scholle und Lamm, aber auch Vegetarisches. Das selbst kreierte *Muku*-Eis der Schelers ist längst über die Grenzen Nordfrieslands hinaus bekannt. Milch und Sahne dafür stammen von Nordstrand.

Im Innern hat sich die Familie für einen hellen Landhausstil entschieden. Wer nach einem Souvenir sucht, kann sich im nachmittags geöffneten Hoflädchen umsehen. Angeboten werden Marmeladen und Töpferware aus der Region sowie Rosenaufstriche und -liköre von Nordstrand und jede Menge Deko-Artikel.

2013 eröffnete Familie Scheler im neuen Gebäude nebenan ein hundefreundliches Hotel, inklusive einer riesigen Auslauffläche, einem Spa und jeder Menge Extras für die vierbeinigen Freunde.

28

Süderhafen Töpferei
(Mitte Februar–
Mitte Januar)
Tegelistraat 22
25845 Nordstrand
04842 587
www.suederhafen-
toepferei.de

Nordstrand Tourismus
Schulweg 4
25845 Nordstrand
04842 454
www.nordstrand.de

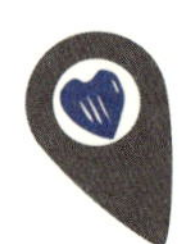

Das Schaf muss mit

Süderhafen Töpferei

Schafe grasen zu beiden Seiten des Damms, nimmt man Kurs auf Nordstrand. Die Marschinsel ragt kopfförmig ins Wattenmeer und grenzt im Norden an den Beltringharder Koog, ein Eldorado für Wiesen- und Wasservögel. Süderhafen, der erste Ort, ist geprägt von der historischen Mühle, einem Silo und dem kleinen Hafen.

Als Letzterer im 19. Jahrhundert entstand, existierte der Wall noch nicht: Mensch und Tier mussten per Schiff zum Festland übersetzen. Ebenfalls zu dieser Zeit wurde eine Ziegelei auf der Tegelistraat unterhalten. Doch in den 1980er-Jahren hatte sich eine Keramische Werkstatt auf dem Gelände angesiedelt. Rund zehn Jahre später übernahm dann Familie Winkelmann und setzt seitdem auf »Keramik im Stil unserer Landschaft«.

Der Betrieb wird mittlerweile in der zweiten Generation von Marie Maaß gemeinsam mit ihrem Mann geführt. In der Töpferei dominiert die für die Gegend typische Kombination Blau und Grau. Im Vordergrund stehen Themen der näheren Umgebung. Die Gestaltung der Schüsseln, Vasen und Töpfe greift Szenen und Farbtöne des Wattenmeers und der Salzwiesen auf. Zu den beliebtesten Motiven zählen Schafe, alternativ Austernfischer, Möwen, Robben und sogar Schweinswale.

Zart wie ein Aquarell wirkt die *Zugvögel*-Serie an den Stellen, an denen der Pinselstrich dominiert. Doch grundsätzlich seien »Malbällchen und Pinsel ein Team in Süderhafen«, so die Keramikmalerin. Zu den nicht-figürlichen Serien zählt *Wilder Himmel*, der in abstrahierter Form sich kunstvoll aufbauschende Wolken beschreibt. Perfekt für alle, die ein Stück Nordfriesland mit nach Hause nehmen möchten. Bis auf eine Pause von Mitte Januar bis Mitte Februar ist die Töpferei ganzjährig geöffnet.

Jedes Jahr im März wird zum *Tag der offenen Töpferei* eingeladen. Man schaut den Kunsthandwerkern über die Schulter und kann eine Runde durch die Ateliers drehen.

29

Radtour auf Nordstrand
Startpunkt: Süderhafen
Hammchaussee
25845 Nordstrand

Töpferei und Café Teestuv
Süden 42
25845 Nordstrand
0172 5915333
www.nordstrander-toepferei.de

Alles im Lot

Radtour über die Halbinsel

Nordstrand ist mühelos über einen verlandeten Damm zu erreichen, egal ob mit dem Auto oder dem Rad. Streng genommen erhält es somit den Status Halbinsel, hat sich aber vieles vom Charme eines Eilands bewahrt. Die Uhren ticken nämlich anders auf Nordstrand. Und mit seiner gefeierten Ruhe und gut ausgebauten Wegen zwingt es sich für eine Radtour geradezu auf.

Starten wir in Süderhafen in der Nähe des Sportboothafens, dem ersten Ort nach Ankunft auf Nordstrand. Hinter der Engel-Mühle aus dem 19. Jahrhundert folgen wir der Evensbüller Chaussee. Alles im Fluss, Wind im Haar, die Geräusche der Marsch im Ohr, das Blöken der Schafe. Genug Wasser im Rucksack? Wunderbar. Nach fünf Kilometern ein Boxenstopp: Wir sind an der Nordstrander *Teestuv* angekommen. Tee oder Kaffee, stellt sich die Frage. Nach der verdienten Pause fahren wir weiter nach Westen, doch gemeint ist neben der Himmelsrichtung auch ein Ort. Von dort ziehen wir parallel zum Deich über die Hörnstraße. Nach 4,6 Kilometern erreichen wir den Hafen Strucklahnungshörn. Hier blicken wir wehmütig der Fähre nach Pellworm hinterher. Und können die Gelegenheit nutzen, die sanitäre Anlage auf dem Parkplatz hinterm Deich aufzusuchen, bevor wir den 9,7 Kilometer langen Rückweg antreten.

Es bietet sich zunächst an, bis Westen vor dem Deich entlangzustrampeln, um das Meeresglitzern so lange wie möglich zu genießen! Wer möchte, macht eine Pause, sucht sich eine Bank und studiert den Rhythmus der Gezeiten. Riecht man das Meer an diesem Tag? Mitten im Wasser ist Hallig Südfall auszumachen. Ein bisschen Entspannung auf dem Deich, die Beine ausstrecken, bevor wir die Tour fortsetzen. Ab Westen folgen wir wieder der Straße Westen und landen in Süden, von wo es über den Herrendeich zurück nach Süderhafen geht. Schäfchenwolken am Himmel, Schafe auf den Wiesen, alles im Lot.

Die Nordstrander *Teestuv* gehört zur gleichnamigen Töpferei. Kaffee und Kuchen werden auf hauseigenem Geschirr serviert, das im Laden nebenan erhältlich ist. Ein originelles Souvenir!

30

Biikebrennen in Schobüll
(jährlich am 21. Februar)
Bei der Seebrücke
Nordseestraße
25813 Husum
www.husum-tourismus.de

Restaurant *Glücklich am Meer*
Altendorfer Straße 4
25813 Husum
www.glücklich-am-meer.de

Winter, ade!

Brauchtum *Biikebrennen* in Schobüll

Blaues Dämmerlicht über Nordstrand, als die erste »Biike« der Husumer Bucht in Süderhafen auflodert. Gegenüber in Schobüll beschwört die *Biike*-Rednerin uralte Traditionen und erzählt vom Austreiben des Winters. Ein Kinderchor stimmt ein Seefahrerlied an. Noch ein Gedicht auf Platt, es ist fast Viertel nach sechs, und alle begeben sich zu dem Berg aus trockenen Ästen und ausrangierten Tannenbäumen. Mit Fackeln wird die »Biike« entzündet, wie das »Feuerzeichen« auf Sylter Friesisch heißt.

Dann geht alles schnell. Feuerzungen umschlingen das Astwerk, Funken sprühen in die Höhe. Fasziniert verfolgen Groß und Klein das Knistern, Knacken, Flackern und Zischen. Die Hitze wärmt die Gesichter, doch von den Beinen kriecht die Kälte herauf. Angeregte Gespräche verdrängen das frostige Gefühl, warme Kleidung und ein Kaffee oder Glühwein tun ein Übriges. Inzwischen ist es stockdunkel, am Horizont glühen nur noch die Husumer und Nordstrander »Biiken«. Schobüll, das alte Kirchdorf, gehört heute zur nahen Kreisstadt, feiert aber sein eigenes Fest.

Der Ursprung des Brauchs liegt vermutlich in heidnischer Zeit, er wurde nach der Christianisierung als Fastnacht fortgeführt. Flammen, Tänze und Spiele gehörten an der Küste zum einstigen Fruchtbarkeitsfest im Februar, Letztere wurden jedoch im 18. Jahrhundert von der Obrigkeit nicht mehr geduldet. Im Zuge dessen fiel auch die Maskerade weg. Das *Biikebrenne*n konnte in der zweiten Hälfte des 19. Jahrhunderts mit Strohhaufen gefeiert werden.

Bevor die Schobüller »Biike« zu schwächeln beginnt, lodert sie noch einmal mit aller Kraft auf und wärmt ihre Zuschauer. Nachbarn und Freunde plaudern noch ein wenig, doch selbst mit Glühwein wird es langsam zu kalt. So leert sich der Platz ums Feuer, die letzten Scheite glühen auf, und die Feiernden freuen sich auf die warmen Lokale in der Nähe, wo der Grünkohl schon dampft.

Im Anschluss können Sie sich im Restaurant *Glücklich am Meer* in Halebüll aufwärmen und schlemmen. Das deftige Grünkohlessen mitsamt Kassler gehört zum nordfriesischen Nationalfeiertag dazu. Unbedingt reservieren!

31

Schobüller Wald
Waldweg
25813 Husum

Kirchlein am Meer
Heideweg 1
25813 Husum

Baumoase auf dem Berg
Schobüller Wald

Rundherum flirrendes Grün. Neben dem Wattenmeer zählt auch die Magie des Waldes zu Schobülls Schätzen. Es sind die offenen wie die intimen Pfade des Mischforsts, die zum Entdecken locken. Sicheren Schrittes streift man über breite wie schmale Pfade durch die Natur. Einmal unter Bäumen, wirkt es befreiend, die Richtung ohne Plan zu wechseln. Tiefer einzutauchen. Nur noch den Vogelstimmen zu lauschen. Im Sommer unter dem kühlenden Blätterdach Frische und Schutz vor der UV-Strahlung zu suchen. Auf einer Fläche von rund 40 Hektar kann man sich gerne ein bisschen verlaufen, denn man verliert nie den Überblick.

Der Name verrät schon alles: Schobüll leitet sich vom dänischen »Skovby« ab, was mit »Walddorf« zu übersetzen wäre. Eigentlich wurde der einstige Baumbestand wie andernorts schon im Mittelalter abgeholzt, doch im 20. Jahrhundert begann das Aufforsten. Ein Glück! Schobüller wie Husumer freuen sich über ihren Wald auf der Anhöhe, die sich bis zu 31 Meter über Normalnull gen Himmel erhebt. Aus der Ferne ist der Forst gut zu erkennen: ein grüner Berg, der über dem Wasser zu schweben scheint. Eine Fata Morgana. Die exponierte Lage auf der Geest verdankt er den Eiszeiten, die den Hügel aus Sand und Geröllmassen modulierten. Grundsätzlich gilt jedes Waldstück in Nordfriesland als Kostbarkeit. Und Schobüll besitzt nicht nur eines in Seenähe, der Ort ist darüber hinaus der einzige an der nordfriesischen Küste ohne Deich– was wiederum an der erhöhten Position liegt.

Wer auf dem Parkplatz am Freibad startet, profitiert auch von den dortigen öffentlichen Toiletten. Zudem kann man einen Besuch des frühgotischen *Kirchleins am Meer* mit dem Naturerlebnis verbinden. Wie der Wald hat das Gebäude auf dem Geestrücken Platz gefunden, weswegen es den Seefahrern früher als Orientierungspunkt diente. Mit bauchiger Gestalt thront es auf dem ansteigenden Gelände.

Das alte *Kirchlein am Meer* gilt als Schobüller Kleinod. Ein besonderer Genuss ist es, im Innern eines der klassischen Konzerte zu erleben.

32

Krokusblüte im Schlosspark
(Mitte März–April)
Schloss vor Husum
König-Friedrich-V.-Allee
25813 Husum
www.husum-tourismus.de

Jacqueline's Café
Schlossgang 12
25813 Husum
04841 5553
www.jacquelines-cafe.de

Das große kleine lila Wunder

Krokusblüte im Schlosspark

Bis der Frühling die Nordseeküste erreicht, geht viel Zeit ins Land. Der Winter streckt und streckt sich. Doch gegen Mitte März bis Anfang April erlebt ein krokusreicher Platz wie der Husumer Schlosspark das violette Wunder. Der genaue Zeitraum fällt Jahr für Jahr unterschiedlich aus, da die Blüte vom Wetter abhängt.

Wenn die Bäume noch kahl sind, treibt es der *Crocus neglectus* bereits bunt. Um mehrere Millionen Zwiebelblüher soll es sich groben Schätzungen zufolge in Husum handeln. Doch warum dieses lila Massenschauspiel? Wollten die Franziskanermönche, die im 15. Jahrhundert an diesem Ort lebten, schlicht den Frühling begrüßen? Aufgrund der Vielzahl der Krokusse liegt die Vermutung nahe, dass die Geistlichen aus den Pflanzen Safran gewinnen wollten – zum Färben ihrer Gewänder. Oder wollte die Herzogin Marie Elisabeth im 17. Jahrhundert die roten Griffel ernten? Als leidenschaftliche Zuckerbäckerin konnte sie das Gewürz gewiss gut gebrauchen. Genaueres ist nicht bekannt. Jedenfalls hat der aus Italien stammende *Crocus neglectus* nicht mitgespielt. Die begehrten Safranfäden werden nämlich von einer anderen Sorte gebildet, dem *Crocus sativus*. Pech für die Mönche oder die Kekse der Herzogin! Eine Augenweide aber für alle, die sich nach dem Frühling sehnen.

An einem Wochenende im März steigt das traditionelle *Krokusblütenfest,* bei dem die Krokusblütenkönigin im Schlosspark zugegen ist. Die Gäste strömen in Scharen heran, ein kleiner Markt mit Kunsthandwerk und Kulinarischem rundet die Feier ab. Doch das eigentliche Spektakel lässt sich an allen anderen Tagen der Blütezeit mit mehr Ruhe genießen. Wenn das Zwitschern der Vögel den Park erfüllt, die Hummeln beim emsigen Bestäuben brummen, und der Frühling seine ersten Düfte verströmt.

Im Schlossgang lockt *Jacqueline's Café* mit Frühstück, Kuchen oder kleinen Speisen. Und das seit über 30 Jahren in bewährter Qualität, mit nostalgischem Flair im Inneren und sonnigen Plätzen draußen.

33

Hafenrundfahrt Husum
(April–Oktober)
Anleger: Binnenhafen
Schiffbrücke 9
25813 Husum
04841 6682200
www.hafenrundfahrt-husum.de

Husumer Kaffeekontor
Schiffbrücke 4
25813 Husum
04841 9064764
www.husumer-kaffeekontor.de

Auf Tour mit dem Tuckerboot

Hafenrundfahrt

Egal ob Hamburg oder Husum, ein Hafen will auf dem Wasserwege erkundet werden. Was viele nicht wissen: Husum lag nicht immer am Wasser. 1362 ließ die *Grote Mandränke,* eine verheerende Sturmflut, den Ort Rungholt untergehen, das Eiland Strand entstehen und die graue Stadt mit dem Heverstrom anbandeln. Ein Gezeitenfluss, der nördlich der

Halbinsel Eiderstedt bis Husum fließt. Als frisch geborener Küstenort war der Grundstein für eine wirtschaftliche Weiterentwicklung gelegt.

An sonnigen, warmen Tagen versprüht der Binnenhafen mit seinen bunten Häusern und der quirligen Außengastronomie geradezu mediterranes Flair. Wir steigen in die sympathische Barkasse namens *Möwe Willi* mit Platz für bis zu 20 Passagiere. Für Gruppen und Personen über 65 Jahre gelten Ermäßigungen. Das Maskottchen des ehemaligen Rettungskahns nimmt als Galionsfigur vorne einen Ehrenplatz ein. Stilecht mit Ringelschal, was nicht nur Enkelherzen erfreut. Natürlich treffen *Willi* und seine Passagiere immerzu auf andere Möwen, die am Himmel kreisen oder am Ufer schreiend auf sich aufmerksam machen.

Auf der Tour über die Husumer Au passieren wir insgesamt drei Brücken und landen im Außenhafen, wo die Krabbenkutter vor Anker liegen, wenn sie nicht gerade zum Fischen über die See schippern. Kurz darauf erreichen wir die Schuten. Schiffe ohne eigenen Antrieb, die mit Baumaterial für die Landgewinnung aufs Watt gezogen werden. Die Abteilung Küstenschutz also. Rechts und links sind wir von den einzigen Hochhäusern der Kreisstadt umzingelt, schlanke Getreidesilos, fast schon so etwas wie die Wahrzeichen Husums. Links die Werft, bevor wir die Schleusentore erreichen. Die Fahrt hinaus zum Heverstrom findet je nach Tide statt.

Im *Husumer Kaffeekontor* an der Schiffbrücke kann man sich mit ausgewählten Kaffeespezialitäten verwöhnen lassen. Die in Hamburg gerösteten Sorten eignen sich ebenfalls als Präsent für zu Hause.

34

Dragseth's Gasthof
Zingel 11
25813 Husum
04841 779995
www.dragseths-gasthof.de

Schifffahrtsmuseum Nordfriesland
Zingel 15
25813 Husum
04841 5257
www.schiffahrtsmuseum-nf.de

Wo die Viehhändler einkehrten

Dragseth's Gasthof

Noch ein Blick in den Binnenhafen, wo vielleicht gerade Ebbe herrscht und die Boote im Schlick stehen. Nur das Wasser der Mühlenau plätschert leise aus der Zingelschleuse. *Dragseth's Gasthof*, das älteste Wirtshaus in Husum, liegt nur ein paar Schritte entfernt. Die jungen Linden sind artig geschnitten und bilden den perfekten Rahmen für das gedrungene Gebäude aus dem 16. Jahrhundert, einer ehemaligen Ausspannwirtschaft. Bauern und Viehhändler kamen über den historischen Ochsenweg nach Husum und verkauften dort ihre Rinder auf dem einst bedeutungsvollen Viehmarkt. Während die Architektur an die alten Zeiten erinnert, lassen sich im Innern regionale Küche und neue Kreationen entdecken.

Ein paar Bänke und Tische finden im Sommer zwischen den Bäumchen Platz, auf den Plätzen im Innenhof sitzt man gemütlich bis rustikal über altem Pflaster. *Dragseth's Gasthof* bietet neben Hausmannskost mit einem gewissen Dreh eben das pure Nostalgie-Gefühl. Mit hauptsächlich lokalen Zutaten kreieren der Küchenchef und sein Team lokale Spezialitäten wie Labskaus, Sauerfleisch oder Scholle sowie vegetarische Alternativen. Etwa ein Kräuterrisotto oder *Dragseth's Couscous-Bowl.* Hinzu kommen saisonale Gerichte, wenn sich zum Beispiel im Frühjahr der Bärlauch ausbreitet. Ein Lammbraten mit dem Wildgemüse erweitert dann die Speisekarte.

Aber bei *Dragseth's* lässt sich sogar Exotisches probieren, denn alle vierzehn Tage kommen frische Sushi-Röllchen auf die Teller, in klassischen sowie ausgefallenen Varianten. Auch zum Mitnehmen für alle, die sich vielleicht an den Hafen setzen möchten. Wobei es schade wäre, die familiäre und freundliche Atmosphäre des Lokals zu verpassen. Unter sich biegenden Holzbalken beim historischen Kachelofen zu sitzen, ist bei Regenwetter oder im Winterhalbjahr genauso urig-gemütlich wie der lauschige Innenhof im Sommer.

Besuchen Sie tagsüber das Schifffahrtsmuseum nebenan, in dem unter anderem das auf Eiderstedt gefundene *Zuckerschiff* zu sehen ist, ein 400 Jahre alter Lastensegler.

35

Nordfriesland Museum Nissenhaus Husum
Herzog-Adolf-Straße 25
25813 Husum
04841 2545
www.museumsverbund-nordfriesland.de

Theodor-Storm-Haus
(April–Oktober)
Wasserreihe 31–35
04841 8038630
www.storm-gesellschaft.de

Von Sturmfluten und Küstenschutz

Nordfriesland Museum im Nissenhaus

Um das untergegangene Rungholt entstand im Laufe der Zeit eine Art Mythos. Es handelte sich um ein sogenanntes Kirchspiel der Landschaft Strand, die wiederum einst ein Küstenabschnitt, später eine Insel in Nordfriesland war. Rungholt galt als quirlige Hafenstadt, die vom Handel lebte. Irgendwo zwischen dem, was von Strand übrig blieb, zwischen dem heutigen

Pellworm und Nordstrand. Die erste *Grote Mandränke*, die Sturmflut von 1362, formte die Küstenlinie neu. Und besiegelte das Schicksal der Rungholter. Ohne es zu ahnen, hatten sie über einem eiszeitlichen Tal gesiedelt. Ein leichtes Spiel für die Wassermassen, den verhältnismäßig lockeren Boden wegzutragen.

Seit Jahrhunderten suchen die Menschen nach den Überresten der versunkenen Stadt. Brunnenringe und Siedlungsspuren wurden bei Ebbe in dem Gebiet sowohl nördlich als auch südlich von Hallig Südfall gefunden. Durch das Wirken der Gezeiten unterliegt die Wattlandschaft einem ständigen Wandel. Zwar konserviert der Schlick die Spuren Rungholts, doch das Watt gibt seine Geheimnisse nicht immer preis. Tontöpfe im Schlamm, übersät mit Seepocken und Muscheln sind heute als Ausgrabungsstücke im *Nordfriesland Museum* zu besichtigen.

Die versunkene Stadt bildet einen Teil der Dauerausstellung im Nissenhaus, das nach seinem Stifter benannt wurde. Die Gezeiten, der Deichbau und die nordfriesische Lebensart sind weitere Themen. Die Küste wurde tatsächlich nicht nur von der Macht des Wassers, sondern ebenso von Menschenhand geformt, die dem Meer immer wieder Land abrang beziehungsweise dieses gesichert hat. Durch Lahnungen, Buhnen und Deiche, Sperrwerke und Siele.

Viele Stationen im barrierefreien Museum laden zum Anfassen und Ausprobieren ein. Darüber hinaus werden sich die Enkel freuen, auf dem Deichbau- und Wasserspielplatz im Innenhof toben. Kinder bis fünf Jahre erhalten freien Eintritt, Gruppen ab zehn Personen Nachlass.

Wer den Dichter Theodor Storm schätzt, kann in der Wasserreihe einen Blick in dessen ehemaliges Heim werfen, ein Kaufmannshaus von 1730.

36

Radrundfahrt über Uelvesbüll
Startpunkt: Dorfstraße/
Mühlendeich
25813 Simonsberg

Der Rote Haubarg
Sand 5
25889 Witzwort
04864 845
www.roterhaubarg.de

Von Deich zu Deich

Radrundfahrt über Uelvesbüll

Die Lundenbergharde war ursprünglich mit der Landschaft Strand im Norden verbunden und wurde im 14. Jahrhundert durch eine Sturmflut von ihr getrennt. Dadurch wurde das Land rund um Simonsberg zur Insel. Im 15. und 16. Jahrhundert kam es durch Eindeichungen zur Verbindung mit Eiderstedt. Doch die Zweite Mandränke 1634 verleibte sich hektarweise Boden ein. Die Überlebenden bauten ihre Häuser schließlich dort wieder auf, wo sich heute die Dorfstraße durch Simonsberg zieht. Die faszinierende Kulturlandschaft mit ihrer bewegten Geschichte und allen Kuriositäten entdecken wir am besten auf einer leichten Radtour. Wir beginnen die rund zehn Kilometer lange Strecke an der Kreuzung zum Mühlendeich und nehmen in Simonsberg die Dorfstraße in Richtung Deich. Reetdachhäuser, der Kirchspielkrug und die Backsteinkirche aus dem 19. Jahrhundert flankieren die Straße. Am Ende schlagen wir den Weg über den Erdwall ein, Schafe überall. Auf der anderen Seite streckt sich das Deichvorland in die Weite. Zur Linken das Naturschutzgebiet Wester-Spätinge, ein Paradies für Vögel. Nach etwa einem Kilometer stoßen wir auf die Fundstelle des sogenannten Zuckerschiffes: Die Überreste des kleinen Frachtseglers aus dem 16. Jahrhundert sind heute im Schifffahrtsmuseum Nordfriesland in Husum zu bewundern.

Über den Uelvesbüllerkoog biegen wir links auf den Porrendeich ab, der von Backsteinhäusern flankiert wird. Nur das Flattern der Wäsche im Wind und der Gesang der Vögel sind zu hören. Die vier Teiche, die wir passieren, heißen Wehlen und geben Zeugnis einstiger Deichbrüche. Am Ende fahren wir links in den Mühlendeich ein Stück die Landstraße entlang, um zum Ausgangspunkt in Simonsberg zurückzukehren.

Aus kultureller wie kulinarischer Sicht bietet sich ein Abstecher zum Roten Haubarg in Witzwort an. Der Großbauernhof aus dem 17. Jahrhundert beherbergte einst Mensch, Vieh und Vorräte. Heute bietet er neben Kaffee, Kuchen und regionalen Spezialitäten ein kleines Museum zu diesem für Eiderstedt typischen Gebäude.

37

Wildes Moor
Startpunkt: Parkplatz
Hollbüllhuus
25876 Schwabstedt
www.stiftungsland.de

Kirche St. Jakobi
Kirchenstraße
25876 Schwabstedt
www.kirche-
schwabstedt.de

Wolken von Wollgras

Wildes Moor

Hinter Hollbüllhuus beginnt der Spaziergang in die fast baumlose Welt des Hochmoors. Mindestens eine Stunde Zeit sollte man sich nehmen, um gemütlich zu schlendern, zu lauschen und zu beobachten. Ein Kuckuck ruft in periodischen Abständen. Und im Moor beginnt der Boden zu erzählen, Geschichten aus der Nacheiszeit, 10.000 Jahre alt.

Zunächst nimmt sich das Wilde Moor wie eine Wiesenlandschaft mit dunklen Flecken aus. Dazwischen Moorlilien, Moosbeeren und Wollgras, Anzeichen einer dem Sumpfland eigenen Flora und Fauna. Wer sich partout nicht blicken lässt? Der seltene Moorfrosch. Immerhin kann man seine Rufe während der Paarungszeit zwischen März und Mai hören. Hin und wieder glitzert der Boden, und wo das Wasser steht, führt ein Lehrpfad über Bohlen durch das Gebiet, barrierefrei.

Einst wurde in großem Stil Torf abgebaut, doch in den letzten Jahrzehnten die Landschaft renaturiert. Denn das Moor erfüllt eine wichtige Aufgabe, gerade in Zeiten des Klimawandels. Die Torffläche bindet CO_2, das bei Entwässerung freigesetzt würde. Daher wurde das Wilde Moor als 631 Hektar großes Naturschutzgebiet eingerichtet. Linker Hand ein schlammiges Loch, daneben Torfstücke, wie sie im 19. Jahrhundert als Brennmaterial dienten. Wer mag, verlässt den Bohlenweg und geht mit federndem Schritt über den Torfboden, um die Geschichte und den Torf zu fühlen. Am Ende des Lehrpfads taucht eine Schilfhütte im Grünen auf. Der Weg dorthin ist breit und grün. Wer mag, steigt über die einfache Leiter zum Aussichtspunkt der Hütte. Weit hinauf führt sie nicht, und von oben ist vielleicht ein Braunkehlchen auf der sumpfigen Wiese auszumachen. Eine Rohrdommel oder ein Brachvogel. Eine Bekassine, die mit ihrem langen Schnabel im Gras pickt.

In Schwabstedt steht eine der ältesten Kirchen Nordfrieslands, der mittelalterliche Feldsteinbau Sankt Jacobi mit wunderschönem Schnitzaltar, spätgotischem Anbau und separatem Glockenturm aus Holz.

38

Naturerlebnisraum Lehmsieker Forst
Lehmsiek/K31
25876 Schwabstedt

Hofküche Backensholzer Hof
Schwabstedter Damm 10
25885 Oster-Ohrstedt
04626 1858295
www.hofkueche-backensholz.de

Alle Farben grün

Naturerlebnisraum Lehmsieker Forst

Wer wie ich Buchenwälder mag, wird in Lehmsiek bei Schwabstedt sein Glück finden. Am Parkplatz des ausgeschilderten Naturerlebnisraums, unweit von Hollbüllhuus, beginnt ein zwei Kilometer langer Rundgang auf ebenem Grund, ohne Steigung, der durch die sogenannte Buchenwaldinsel führt. Es heißt, Buchen lieben den Schatten. Der Lehmsieker Forst bildet ein

Reststück einer uralten Schonung, die auf dem Geestrücken vor 300 Jahren bis Treia reichte. Nach der Weichseleiszeit siedelten sich zunächst Birken und Kiefern an. Die Buchen breiteten sich erst ab 1.000 vor Christus aus und verdrängten andere Bäume. Der heutige Bestand ist allerdings nicht älter als 50 bis 60 Jahre.

Naturbelassen wirkt der Wald, hier und dort ein Stück Erdreich, das nach oben ragt, ein quer liegender Baum samt Wurzeln, der von Insekten langsam zersetzt wird. Der Artenreichtum in diesem Stück Natur wird gepriesen, sogar der selten sichtbare Pirol ist zu hören. Wer den Pfeilen der Holzpfähle folgt, verliert sich im flirrenden Grün und lernt nebenbei einiges über das hiesige Ökosystem. Außerdem verrät die *Waldapotheke* mehr über die medizinische Wirksamkeit von Weißdorn, Erle und Weide. Ein hölzerner Aussichtsturm mit Treppenstufen ragt in das Blätterdach hinein und erlaubt uns für eine Weile den Blick aus der Vogelperspektive. Weiter unten säumen Sternmieren den Wegesrand. Moos besetzte, samtig wirkende Buchenfüße krallen sich ins Erdreich.

Durch den Lehmsieker Forst laufen wir beschwingten Schrittes, es ist jenes wunderbare Gefühl, über Waldboden zu laufen. Wie über Wolken. Nach mehrtägigem Regen ist der leicht begehbare Rundgang mit Vorsicht zu betreten, da er stellenweise aufschwemmt. Doch selbst in solch einem Fall lassen sich mit gutem Schuhwerk trittsichere Stellen am Rand des Weges ausmachen.

Mit dem Auto erreichen Sie in circa 20 Minuten das Bio-Restaurant *Hofküche Backensholzer Hof* in Oster-Ohrstedt. Für alle, die regionale Küche und guten Käse lieben. Unbedingt reservieren!

39

Grachtenfahrt Friedrichstadt
(April–Oktober)
Anleger Reederei Schröder:
Treeneufer 1
04881 876395
25840 Friedrichstadt

Holländische Stube
Am Mittelburgwall 24–26
25840 Friedrichstadt
04881 93900
www.hollaendische stube.de

Ein Hauch von Holland

Mit dem Boot durch die Grachten

Einige sprechen von »Klein-Holland«, wenn sie Friedrichstadt meinen. Es liegt am Zusammenfluss von Treene und Eider, was zu einer Art Umarmung des historischen Zentrums durch Wasserläufe führt. Zudem ist der Ort durchzogen von Kanälen wie in den Niederlanden. Und das kommt nicht von ungefähr. Die Stadt entstand auf Betreiben des Herzogs von Gottorf, Friedrich III., der im 17. Jahrhundert religiös verfolgte Holländer ins Land holte. Sie gestalteten die neue Heimat nach ihrem Gusto mit Grachten und Giebelhäusern.

Und heute lieben es alle, durch die Gassen zu flanieren und Friedrichstadt vom Wasser aus zu erleben. Entweder nimmt man in einem der breiten Boote Platz, die gerade noch so überall durchpassen und lässt sich vom Kapitän über Geschichte und Sehenswürdigkeiten aufklären. Oder man setzt sich selbst ans Steuerrad und entscheidet sich für eine individuelle Tour, etwa mit einem Elektroboot. Ein Vorteil der Gruppenfahrten: Bei Regen stehen überdachte Kähne bereit, bei Sonne natürlich die Cabrio-Version. Wer es sportlicher mag, kann ein Kanu ausleihen oder seine Balance einmal beim Stehpaddeln prüfen. Für Anfänger gelten die ruhigen Gewässer in und um Friedrichstadt als ideal. Die Treene verfügt übrigens über einen Badestrand, unweit einer Anlegestelle für die Grachtenfahrten in der Gruppe und E-Boote am Treeneufer.

Die Erkundungstour auf dem Wasser führt vorbei an Architekturen, die teilweise aus dem 17. Jahrhundert stammen, an privaten Gärten, Bootsstegen und sich im Wind wiegenden Schilf. Aus dieser Perspektive erspäht man manch schattiges Plätzchen, an dem ein Angler meditiert oder jemand auf einem Paddelbrett liegend ein Buch liest. Winken ist angesagt, falls Passanten von einer Brücke aufs Boot blicken. Und manchmal springt ein Fisch übermütig aus dem Wasser.

Schlemmen direkt an der Gracht? Die *Holländische Stube* befindet sich in einem typischen Giebelhaus am Mittelburgwall inklusive begehrten Plätzen draußen am Wasser. Die Waffeln schmecken vorzüglich, und neben Süßem steht auf der Karte ausreichend Herzhaftes.

40

Keramikwerkstatt tonalto – Kunst in Ton
Westerhafenstraße 5
25840 Friedrichstadt
04881 9379090
www.tonalto.de

Restaurant *Kajüte 1876*
Holmertorstraße 11
22480 Friedrichstadt
0172 2529148
www.kajuete1876.de

Sand und Meer

Keramikwerkstatt *tonalto – Kunst in Ton*

Ein Kulturdenkmal ist das Haus der Keramikwerkstatt, entworfen vom neugotischen Architekten Gustav Ludolf Martens. Inmitten der Ruhe Friedrichstadts hatten Maria Ziaja und ihr Mann diesen Schatz gefunden. Damit konnte das neue Leben in Nordfriesland 2014 beginnen. Dabei hätte die Farbkomposition der Keramikerin schon vor 30 Jahren an die Küste gepasst.

Der beige Grundton und die türkisfarbene Glasur, das ist wie Sand und Meer. Als Maria Ziaja ihren Stil entwickelte, lebte sie allerdings in Niederbayern. »Himmel trifft Erde«, beschreibt die Farbgebung ihrer Meinung nach gut. Sie entschied sich für jenen hellen, leichten Grundton, obschon zu jener Zeit eher dunkle Farben angesagt waren. Das bei 1.280 Grad gebrannte Steingut ist auch ohne Glasur flüssigkeitsdicht. Doch sollte man sehr gründlich arbeiten, meint die Keramikerin. Denn Fehler seien bei dieser Herstellungsweise leichter zu sehen.

Eigentlich wollte Maria Ziaja Dinge erschaffen, die so minimalistisch wie möglich sind, Vasen, Schüsseln, Teller, Becher. Allerdings entdeckte sie mit der Zeit, dass Henkel durchaus Ästhetik besitzen. Und sie kreierte eine besondere Teekanne, eine mit Persönlichkeit. Auch im Austausch mit der interessierten Kundschaft entstand Neues. Etwa der Butterkühler, »Burriera« genannt, inzwischen eines der meist verlangten Einzelstücke im Laden. Dieser erlaubt es, die Butter stets streichfähig und ohne Kühlschrank aufzubewahren.

Der Name der Werkstatt, »tonalto«, stammt aus dem Esperanto, bedeutet »Tonhöhe« und passt zur hochgebrannten Keramik ebenso wie zu den Konzerten, die Maria Ziaja und ihr Mann von Zeit zu Zeit in den Räumen geben. Am liebsten im Duett gesungene Klezmer-Stücke sowie eigene Kompositionen von Markus Jung.

Biergartenflair mit Blick aufs Wasser genießen, kann man auf der Holmertorstraße in der *Kajüte 1876*. Für alle, die Flammkuchen und ein gutes Glas Wein lieben.

41

Laden *Simon's Honig & Teewelt*
Prinzenstraße 33
25840 Friedrichstadt
04881 9389973
www.simons-welt.com

Bienchen, summ!

Laden *Simon's Honig- und Teewelt*

Wer weiß schon, dass Honigbienen Frühjahrsputz betreiben? Verbringen sie die Winterzeit noch gemütlich zusammen, wird bei steigenden Temperaturen Kot auf sogenannten Reinigungsflügen aus der Nisthöhle getragen. Krokusse und Narzissen locken, doch der erste Höhepunkt im Leben einer Imme ist zweifelsfrei die Rapsblüte. Wenn denn die Wetterverhältnisse stimmen, was an der Nordsee aus Sicht der fleißigen Insekten nicht immer der Fall ist. Regen und Kühle können die beginnende Honigproduktion im Mai schon mal behindern.

Als sich Simon Tigges vor ein paar Jahren mit seiner Frau in Friedrichstadt niederließ, erfüllten sich die beiden den Traum von einem Zuhause im Norden. Sie eröffneten *Simon's Honigwelt* mitten im schönen Holländerstädtchen. Zur Arbeit mit den Bienen kam Simon schon vorher, ein Freund hatte ihm viel von seiner eigenen Begeisterung für die Imkerei vermittelt. Im Laden verkaufen sie nun ihren eignen Raps-, Klee- und Sommerblütenhonig, aber auch Sorten von befreundeten Imkern, wie den Lavendelhonig aus der französischen Provence. Darüber hinaus lässt Familie Tigges Spezialitäten wie Honigsenf oder Ingwer in Honig produzieren. Met in diversen Geschmacksrichtungen wird gerne als Souvenir gehandelt. Kerzen und Kosmetika, die ebenfalls das Bienenprodukt enthalten, sowie Salbe mit dem Wirkstoff Propolis und handgefertigte Naturseifen mit Sanddorn oder Meersalz vervollständigen das Angebot.

Aus dem ehemaligen Friedrichstädter Teeladen übernahmen Simon und seine Frau schließlich das Sortiment, das inzwischen die Hälfte des Ladens füllt und sich ebenfalls großer Beliebtheit erfreut. Im Winter sind die kräftigen Schwarztees gefragt, ansonsten eher leichtere Sorten wie Darjeeling.

Mit oder ohne Enkel: In Friedrichstadt können Sie auf einem Bienenlehrpfad durch die Altstadt alles über die Insekten erfahren. Zum Beispiel, dass Honigbienen die Farbe Rot nicht erkennen können. Nach rund 45 Minuten endet der Pfad an Simons Laden, wo auch die Rätselzettel erhältlich sind.

42

Herrenhaus Hoyerswort
Hoyerswort
25870 Oldenswort
04864 2039838
www.hoyerswort.de

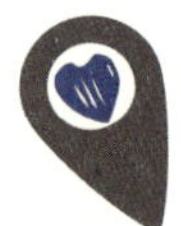

Unter dem Dach des Stallers

Herrenhaus Hoyerswort

Das Ensemble Hoyerswort nahe Harblek, um 1550 erbaut mit Gutshaus, Haubarg und Graben, stellt eine kostbare Rarität auf Eiderstedt dar.

Da das Grundstück von hohem Baumbestand umgeben ist, fällt die beeindruckende Architektur von der Kotzenbüller Chaussee aus kaum auf. Elegant wirkt das im Stil der Renaissance errichtete Hauptgebäude, ein zweistöckiger Bau mit einem achteckigen Turm. Vor mehr als 400 Jahren wurde es für den ehemaligen Staller erbaut, einem Amtmann des Herzogtums Schleswigs, und unter seinem Nachfolger Caspar Hoyer erweitert, damals reichster Mann der Gegend.

Heute wird im Renaissancebau die Geschichte des Gutsherrensitzes auf der nordfriesischen Halbinsel dokumentiert. Doch nicht nur das, die Exponate führen zurück in die Vergangenheit bis zur Besiedlung Eiderstedts in den ersten Jahrhunderten nach Christus. In der ehemaligen Kapelle produziert der neue Besitzer Alfred Jordy Keramik vornehmlich Fliesen nach holländischer Tradition. Die Motive wie Haubarge, Fische, Wattvögel und flache Landschaften sind aus der Umgebung inspiriert, die Kacheln im Laden erhältlich.

Das ehemalige Wirtschaftsgebäude von Hoyerswort gilt als endemische Architektur auf Eiderstedt: ein 300 Jahre alter Haubarg mit ausladendem Reetdach. Nachdem Jordy das Anwesen übernahm und heute ein Café im Haupthaus betreibt, wurde der Nebenbau zur *Brasserie* umfunktioniert. Im schmucken Café sitzen die Gäste auf Vintage-Möbeln und genießen zum Beispiel Trümmertorte mit Himbeeren. Oder nehmen bei gutem Wetter im Garten Platz, probieren vielleicht eines der Dinkelbrote. In der *Brasserie* hingegen kreiert der Schwiegersohn und gelernte Koch Hermann Bothe beste französische Küche. *Dorade flambée*, *Galettes* und *Profiterol* mitten in Nordfriesland!

Werfen Sie noch einen Blick in den ehemaligen Lustgarten des Ensembles, der sich in einen Skulpturengarten verwandelt. Besuchen Sie vielleicht eines der Konzerte oder das Apfelfest.

48

Westerheversand
Startpunkt/Parkplatz:
Tourismusverein Westerhever-Poppenbüll
Ahndelweg 4
25881 Westerhever
04865 1206
www.westerhever-nordsee.de

Von hier an barfuß

Westerheversand

Manche Strände sind wild, weit, wüstenartig und genau deswegen wunderschön. Auch weil man sich quasi jenseits der Zivilisation in winzigen Details verlieren kann. Die Sandbank von Westerhever ist so ein Ort. Ein Lieblingsplatz für all diejenigen, die Minimalismus lieben. Zum Beispiel an einem warmen Sommertag.

Der Flaneur profitiert von der Weite des sogenannten Hochsands, der nur selten überspült wird. Wer mit dem Rad kommt, kann es am Ende der Salzwiesen stehen lassen. Andere Option: zu Fuß vom Parkplatz aus starten, den Deich überqueren, die Landschaft genießen. Flirrend die Luft am Horizont. Zu Fuß geht es nun durch die Wüste, von hier an barfuß. Irgendwann verklingen die Stimmen der Salzwiesenbewohner, der Austernfischer, Kiebitze und Rotschenkel. Raum und Zeit verwehen. Die Silhouette des Leuchtturms flimmert im diesigen Licht. Ein Dunst, der sich wie ein Weichzeichner um die Dinge legt, der die Konturen verwischt. Links die Pfahlbauten von Sankt Peter-Ording, schwebend wie eine Fata Morgana.

Doch nach einer Weile bilden sich locker geformte Wölkchen am Himmel, die Sonne bricht durch, der Himmel wird blau. Der feine Sand schmeichelt den nackten Sohlen, die Füße sinken bei jedem Schritt nur wenig ein, so fest ist er. Das Zeitgefühl verschwindet. Je langsamer man geht, desto weniger existiert es. Unweit der Wasserkante ein Holzgerüst, das mit großen Lettern »No Planet B« an die Einzigartigkeit unserer Erde erinnert. Das Wasser blubbert und gurgelt leise, verläuft sich im Sand, schiebt ein paar Muscheln und Algen vor sich her. Jetzt baden gehen, bei dieser Ruhe! Dieses Lechzen nach Salzwasser auf der Haut, nach Schwerelosigkeit. Und auf dem Rücken liegend in den Himmel schauen.

Die letzten Toiletten befinden sich am Parkplatz von Westerheversand. Dort kann man beim Tourismusverein auch die Tickets für eine Leuchtturmbesichtigung buchen. Viele Stufen, aber ein toller Ausblick!

44

Weberei *SpinnWebKate*
Nickelswarft 2
25836 Poppenbüll
04865 275
www.spinnwebkate.de

Kirche St. Johannis
Dorfstraße 5
25836 Poppenbüll

Eine Kathedrale aus Fäden

Handweberei *SpinnWebKate*

Eigentlich ist Angelika Rölke Grundschullehrerin. Doch mit fast 50 Jahren beschloss sie einen Neubeginn. Mit ihrer Familie zog sie von Hamburg an die Nordseeküste, allein das Unterrichten blieb ihr in der neuen Heimat versagt. Da sie das Weben faszinierte, ließ sie sich zwei Jahre lang im Handwerk ausbilden.

Heute lädt die über 70-Jährige interessierte Besucher zum Zuschauen und bei Kursen zum Mitmachen ein. Auf der Nickelswarft stehen inzwischen 15 Webstühle, einige davon laufen im Werkstattbetrieb. Dessen Name *SpinnWebKate* wurde unter anderem von den »Mitbewohnern« inspiriert. In dem ehemaligen Stallgebäude des Familienanwesens, das Angelika Rölke umfunktionierte, webt nämlich außer ihr die ein oder andere Spinne ihr Geflecht. Und im besten Fall halten die tierischen Gesellen die Motten von der Wolle fern. Das Herzstück der Sammlung bildet ein Jacquard-Webstuhl, der ebenfalls von Kursteilnehmern genutzt werden kann, insofern sie ihr eigenes Muster mitbringen. Einer von Angelika Rölkes selbstgefertigten Lochkartenläufen ist im Einsatz, und über dem Gerät spannt eine Kathedrale aus Fäden. Wer selbst weben möchte, kann ein paar Schuss tun, womit das flotte Schieben des Weberschiffchens gemeint ist. Bei den Kursen und Aktionstagen im Sommer, etwa unter dem Motto *Vom Schaf zum Teppich*, sind weitere erfahrene Spinnerinnen anwesend, die gerne ihr Wissen weitergeben. Bei interessierten Familien erweisen sich oftmals die Kinder als die geschicktesten Schüler.

Die von Angelika Rölke erstellten Unikate, Leinenhandtücher oder Tischwäsche vom Jacquard-Webstuhl sind bei einem Besuch in der Weberei zu erstehen. Dieser lohnt sich schon allein wegen der persönlichen Atmosphäre und des nostalgischen Flairs. Am besten rufen Sie vorher an, und einem originellen Mitbringsel von Eiderstedt oder einer Kursteilnahme während der warmen Jahreszeit steht nichts mehr im Wege.

Tipp: noch einen Blick in die Kirche Sankt Johannis werfen, ein spätromanisches Langhaus mit gotischem Chor und einem auf der Halbinsel einzigartigen Taufbecken aus Bronze.

45

Boule-Spielen im Stadtpark
Zugang: Markt 26
25836 Garding

Tourist-Information
Markt 26
25836 Garding
04862 469
www.garding.de

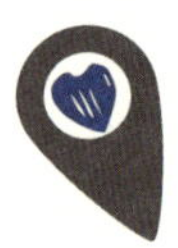

Nah ans Schweinchen

Boule-Spielen im Stadtpark

Wenn es warm wird auf der Halbinsel Eiderstedt, füllt sich der Gardinger Stadtpark. Dann turnen die Kinder auf dem Spielplatz, die Leute gehen spazieren oder nehmen auf einer der Bänke Platz und bewundern die Kunstwerke mitten im Grünen. Ein Termin steht fest im Kalender: Alle 14 Tage treffen sich Boule-Anhänger an dem eigens ausgewiesenen Platz und werfen ihre Kugeln möglichst nah ans »Schweinchen«. Immer freitags, organisiert vom Sozialverband. Mitmachen ist erwünscht!

Wer das französische Spiel lieber erst für sich alleine, mit Freunden oder Familie ausprobieren möchte, kann in der Tourist-Info am Markt sowohl Ausstattung als auch eine Anleitung ausleihen. Oder zunächst ein Gefühl für das Gewicht der Kugeln erlangen, die jeweils um die 700 Gramm auf die Waage bringen, sowie für deren Laufbahn auf dem Boulodrôme.

Im Wesentlichen läuft das Spiel wie folgt ab: Zunächst wird das hölzerne »Cochonnet« durch einen Wurf platziert, danach versuchen die Teilnehmer, mit den eigenen Kugeln so nah wie möglich an das »Schweinchen« heranzukommen. Die Bahn misst 12 Meter und spitzt sich am oberen Ende von dreieinhalb auf zweieinhalb Meter zu. Ein Kreis wird als Ausgangspunkt eingezeichnet, auf dem der Werfende während des Wurfs mit beiden Füßen Bodenkontakt haben muss, bis seine Kugel landet. Nicht nur das Annähern an das »Schweinchen«, sondern auch das Abschießen gegnerischer Kugeln ist möglich. Am Ende werden Punkte für alle Lagen vergeben, und die Gewinnermannschaft ausgezählt.

Zwar lässt sich gut alleine üben, bei einer Partie sind aber Konstellationen zu zweit, viert oder mehr gegeben. Bei dem ruhigen Spiel stehen das Miteinander und der Spaß im Vordergrund. Eine passende Möglichkeit, Kontakt zu Einheimischen zu knüpfen, bietet Boule allemal.

Biegen Sie bei einem Stadtbummel von der Enge Straße in den Pennmeistergang ab. Heute eine schmale Gasse, früher ein mit Ziegeln befestigter Stockenstieg, der vom Haus des Steuereintreibers in die Stadt führte.

46

Hochdorfer Garten
Düsternbrook
25881 Tating
www.hochdorfer-garten.de

Schweizer Haus
Düsternbrook 10
25881 Tating
04862 2019681
www.schweizerhaus-tating.de

Barock und Bienenstich

Hochdorfer Garten

Zeit für einen Spaziergang mit wechselnden Duftnoten. Wenn es um bäuerliche Gartenkultur in Schleswig-Holstein geht, nimmt die Hochdorfer Anlage eine herausragende Stellung ein. Abgesehen von der Nolde-Stiftung in Seebüll und dem Husumer Schlossgarten gewähren an der Küste sonst nur Privatgrundstücke flüchtige Einblicke. Doch der fünf Hektar große

Hochdorfer Garten präsentiert sich offiziell als Denkmal und Dorfpark, er ist sommers wie winters frei zugänglich.

Durch die grüne Oase zu wandeln, erfreut nicht nur die Hobbygärtner. Angelegt wurde sie nach barocken Vorbildern im 18. Jahrhundert und folgte zunächst einer strengen Ordnung. Als da wären das in Reih und Glied stehende Lindenquartier vor dem Hochdorfer Haubarg und die beiden 120 Meter langen Lindenalleen, die das Anwesen rahmen. Der Rest wirkt verwunschen, wie etwa der Hexenwald. Je nach Jahreszeit tauchen Farbtupfer auf, Krokusse oder Hasenglöckchen.

Exoten wie Chinesisches Rotholz mit seinem fein ziselierten Grün oder der Trompetenbaum mit spärlichem Blätterdach kamen im 19. Jahrhundert hinzu. Ebenso die Obstbaumquartiere mit historischen Apfelsorten wie Prinzenapfel oder Dithmarscher Paradiesapfel, sie gedeihen im Nordseeklima am besten. Gemäß dem damaligen Geschmack wurde es in jener Epoche um einiges romantischer und eine Ruine à la Caspar David Friedrich fand ihren Platz auf einem kleinen Hügel. Die weiße Brücke mag an den französischen Maler Monet und seinen Seerosenteich erinnern, doch stammt der schnurgerade Graben noch aus barocken Zeiten. Das als Sommerhaus konzipierte Schweizerhaus wurde wiederum während der Romantik errichtet und steht heute der Allgemeinheit als beliebtes Lokal zur Verfügung.

Bienenstich mit roter Grütze zählt zu den Spezialitäten des Schweizerhaus, dessen Holzarchitektur im Schweizer Stil, Baujahr Ende des 19. Jahrhunderts, ebenfalls ein Unikat in Schleswig-Holstein darstellt.

47

Ordinger Strand
Parkplatz Strandweg
25826 Sankt Peter-Ording
www.st-peter-ording.de

Restaurant *Die Insel*
Im Bad 27
25826 Sankt Peter-Ording
04863 950540
www.restaurant-die-insel.de

Das Salz in der Luft schmecken

Spaziergang am Ordinger Strand

Wild und wunderbar fühlt sich ein kalter Tag an der Küste an. Die beste Zeit für Spaziergänge im tosenden Wind. Über den Holzsteg in Ording-Nord ist der kilometerlange Strand bequem zu erreichen.

Endlich eins sein mit der Natur, verloren in jener Weite von Himmel, Sand und Meer. Nur vereinzelt sind Menschen unterwegs, kleine dunkle Gestalten im Sprühnebel der schäumenden Brandung. An manchen Tagen braust die See auf, erregt von den starken Böen. Herzmuschelschalen liegen am Strand, zerbrochen und kurz davor, selbst Sand zu werden. Luftströme, die Schlieren auf den Boden malen. Welch ein Glück, dass der Pfahlbau mitsamt Toiletten ganzjährig geöffnet ist. Kurz aufwärmen und von oben den Blick in die Ferne schweifen lassen.

Am schönsten sind die stillen Tage. Wenn sich jedes einzelne Geräusch artikuliert, sei es noch so weit entfernt. Ein Schiff am Horizont, eine Möwe in der Luft, eine entfernte Stimme in der Wüste. Jede Ruhe nach dem Sturm fühlt sich wie eine Wiedergeburt an. Sonnenstrahlen auf der Haut, ein Hauch von Frühling in der Luft, gar der Duft des Meeres. Wer ihn wahrnimmt, freut sich auf den Wechsel der Jahreszeiten, spürt den Rhythmus des Lebens intensiv. An der Wasserkante entlangzulaufen, das ist wie ein Bad in der Luft zu nehmen, die in der kühleren Jahreszeit noch besser auf den Organismus wirkt. Ihn reizt, fordert und abhärtet.

Jene satte Geräuschlosigkeit erreicht ihren Höhepunkt, wenn es geschneit hat. Manchen Winter wartet man vergeblich, manchmal passiert es spät, vielleicht im März, für einen Tag. Schnee und Frost verändern alles. Die See erstarrt in ihrer Bewegung, überall glitzert gefrorenes Wasser, und auf dem Sand bilden sich Eisflächen.

Ein Besuch im Café ist nach einem Spaziergang an der frischen Luft besonders »hyggelig«. Zum Beispiel mit Kaffee und Milchreis im ganzjährig geöffneten Restaurant *Die Insel.*

48

Giftbude – Studio am Meer
Badallee 32
25826 Sankt Peter-Ording
04863 9589607
www.giftbude.com

Hagen Goetz Möbel-& Suppenmanufaktur
Pestalozzistraße 1
25826 Sankt Peter-Ording
04863 9507735
www.goetz-moebel.de

Souvenirs aus Segeltuch

Laden *Giftbude – Studio am Meer*

Bei einem Neustart entstehen oft die besten Ideen. So hatten Tine und Arnold Eckert ihre Berufe aufgegeben, um an der Nordsee ein neues Leben anzufangen. Doch Hund Finn, der gerne mal baden geht, fehlte es an einem wassertauglichen Halsband. Also nähte das Paar eines aus gebrauchtem Segeltuch, was wiederum Bekannten gut gefiel. Die Sache kam ins

Rollen. Nach und nach erweiterten Eckerts die Produktion. Heute lassen sie von fünf Werkstätten ihre Produkte fabrizieren, von denen die entfernteste im Süden Hamburgs liegt, sowie von einer Näherin an der Ostsee.

Kurze Wege und eine insgesamt inländische Produktion liegen den beiden am Herzen. Das Sortiment der ganzjährig geöffneten *Giftbude* in Sankt Peter-Dorf besteht neben Kuscheldecken und Schmuck aus Kappeln inzwischen zu 70 Prozent aus Waren der Eigenmarke *Studio am Meer,* lauter schönen Dingen aus recyceltem Dacron-Segeltuch sowie einer weiteren bunteren Linie aus Surfer-Segeln.

Man könne das Meer noch an einigen Stellen riechen, sagt Tine Eckert. Einzelteilen sieht man ihre Vergangenheit zudem an. Die Produkte sind nicht nur alltagstauglich, sondern erzählen von der See. Ein Stück maritimer Geschichte für Zuhause, in Form von Taschen, Tischsets, Postkarten, Lesezeichen oder multifunktionalen Beuteln. Die Verwendbarkeit steht für Tine und Arnold Eckert an erster Stelle, gefolgt von einem ansprechenden Design.

Das Produkt der ersten Stunde, die Halsbänder, hat es längst zu einer zweiten Edition geschafft, eine mit humorvollen Schriftzügen. Da wird der vierbeinige Freund via Halsschmuck zum »Strandjungen« oder »Fischkopp« ausgezeichnet.

Heißes Süppchen gefällig? Am anderen Ende von Sankt Peter-Dorf offeriert die Möbel- und Suppenmanufaktur von Hagen Goetz neben Einrichtungsideen auch leckere Tapas und selbstgekochte Suppen.

49

Museum Landschaft Eiderstedt
Olsdorfer Straße 6
25826 Sankt Peter-Ording
04863 1226
www.museum-landschaft-eiderstedt.de

Wanlik Hüs
Dorfstraße 27
25826 Sankt Peter-Ording
04863 3030
www.st-peter-ording.de/poi/wanlik-hues

Vom Baden und Buttern

Museum Landschaft Eiderstedt

Mitten im Garten steht ein Badekarren. Vor den Tourismuszeiten galt Sankt Peter als das Armenhaus von Eiderstedt, denn der Sandflug machte eine landwirtschaftliche Nutzung unmöglich. Im 19. Jahrhundert gelang es, die Sandverwehungen durch Aufforstungen zu stoppen. Gleichzeitig begannen die glorreichen Zeiten als Seebad. Zunächst wurden Karren zum Wasser gezogen, damit sich die betuchten Gäste, geschützt vor Blicken, umziehen konnten.

Nicht nur die Exponate, selbst die Architektur erzählt aus der Geschichte. In das reetgedeckte Langhaus des *Museums Landschaft Eiderstedt* treten Besucher durch eine zweigeteilte »Klönschnacktür«. Eine aus Sandstein gemeißelte Dame mit außergewöhnlicher Haube empfängt die Gäste. Es handelt sich um die Frau eines Bauern, der die Skulptur in memoriam erschaffen ließ. Die zu jener Zeit angesagte Kleidung aus den spanischen Niederlanden demonstriert den Reichtum der Eiderstedter Landwirte im 16. Jahrhundert und diente als Vorlage für die heutige Tracht der Sankt Peteraner.

In den Ausstellungsräumen lässt sich nachvollziehen, wie die wohlhabenderen Leute damals wohnten. Auch geht das Museum der Physiognomie der Halbinsel auf den Grund, die sich durch die Bewegung des Wattenmeers, ebenso wie durch Deichbau und Entwässerung formte. Die Landschaft Eiderstedt entstand, und noch heute sagen viele Einheimische »in« statt »auf Eiderstedt«.

Der Keller des Hauses ist dem Buttern als einst wichtigem Wirtschaftsfaktor gewidmet. Zunächst nutzten die Bewohner die fetten Wiesen Eiderstedts für die Rindermast, stellten dann aber auf Milchwirtschaft um. Unterstützt von eingewanderten Niederländern, die als Glaubensflüchtlinge im 16. und 17. Jahrhundert nach Nordfriesland kamen und sich mit der Käseproduktion bestens auskannten.

Das *Wanlik Hüs* auf der Dorfstraße gilt als ältestes Haus und eines der schönsten im Dorf. Neben Labskaus, Lamm- und Fischgerichten am Abend wird im gemütlichen Gasthaus zu Mittag eine kleine Karte angeboten.

50

Café & Bar Meersatt
(Dezember–Oktober)
Eiderweg 1
25826 Sankt Peter-Ording
04863 4261
www.meersatt.de

Frühstück mit Aussicht

Café-Bar Meersatt

Wer am Golfplatz von Böhl landet, ist goldrichtig. Denn 2021 haben Nicole und Fabian Rosinus ein Café mitten im Grünen eröffnet. Der besondere Charme, die Ruhe hinterm Deich, hat es ihnen angetan.

Das freut nicht nur Anhänger der Ballsportart. Radfahrer erreichen das Lokal über den Deichweg, und wer mit dem

Auto ankommt, kann den Parkplatz direkt vor dem Gebäude nutzen. Mittags stehen schnelle Gerichte hoch im Kurs, vor allem bei den Besuchern des Golfplatzes. Zudem Salate, Quiche und Ofenkartoffeln. Wem es nach Süßem gelüstet, der probiert die Waffeln, *Pasteis de Nata* oder den hausgemachten Kuchen, etwa Maracuja-, Friesen- oder Trümmertorte. Der Kaffee kommt von *Elbgold* aus Hamburg und ist purer Genuss.

Was die Gäste am Wochenende ins *Meersatt* zieht? Die gute Frühstücksauswahl, bei der je nach Gusto Allbeliebtes oder kulinarisches Neuland probiert werden kann. Am besten reservieren, das gilt auch für Gruppen zu allen anderen Zeiten. Neben der klassischen Variante bieten die Neugastronomen eine vegane und eine süße Alternative, sowie Avocadobrot, Rührei mit Bauernbrot und Shakshuka, ein gut gewürztes Gericht aus Israel mit Tomaten, Paprika und Ei. Und wer zum Aperitif vorbeikommen möchte, ist herzlich willkommen und kann die Abendstimmung genießen. Allerdings schließt das *Meersatt* um 18 Uhr.

In den ersten Stock des mit einem Grasdach gedeckten Gebäudes gelangen die Gäste über eine Treppe oder mit dem Fahrstuhl. Je nach Jahreszeit und bei wenig Betrieb sind von dort sogar Störche auf dem Golfplatz zu beobachten. Und von der Außenterrasse des Cafés schweift der Blick zu den Pfahlbauten am Strand von Sankt Peter-Böhl. Je nach Wetterlage und Windrichtung verströmt das Meer seinen ureigenen Geruch. Und keine Sorge: Die Golfbälle könnten nur auf ein paar Metern des Wegs zwischen Café und Deich fliegen.

Machen Sie einen Spaziergang oder eine Radtour am Deich entlang. Den Schafen zuschauen, die gute Luft einatmen, entspannen.

51

Kirche St. Katharina
Kirchenweg 1
25836 Katharinenheerd
04862 1590
eiderstedt.nordfriesland-evangelisch.de/tetenbuell-katharinenheerd

Der bewegte Reiter
Kirche Sankt Katharina

Neben den Haubargen prägen Kirchen die architekturhistorische Landschaft Eiderstedts. Egal, wo man steht, immer ragen ein oder zwei Türme aus der Mitte der Marsch empor. So fällt die Orientierung leichter, etwa bei einer Radtour. Mit 18 historischen Sakralbauten, von denen sechs auf das 12. Jahrhundert zurückgehen, offenbart sich einmal mehr der einstige Wohlstand der Eiderstedter Bauern. Eine der Schönheiten, noch dazu mit einer besonderen Geschichte, ist der heiligen Katharina geweiht und steht im Dorf Katharinenheerd.

Unaufgeregt fügt sich der kleine Backsteinbau in seine Umgebung, einem Ort mit rund 180 Einwohnern. Das ursprüngliche Gebäude ist auf das Jahr 1113 datiert und wurde, wie damals üblich, auf einer Warft errichtet, unweit einer Thingstätte, die im Mittelalter der Rechtsprechung in Eiderstedt diente. Die Gemeinde Katharinenheerd scheint zudem von der nahen Norderbootfahrt profitiert zu haben, einem im 17. Jahrhundert angelegten Kanal, auf dem Waren zwischen Tetenbüll und Tönning transportiert wurden.

Der Chor der Katharinakirche wurde im 16. Jahrhundert hinzugefügt, der allein stehende Glockenturm aus Holz stammt aus dem 17. Jahrhundert. Eine von außen in den Chor eingefügte Steinplatte erinnert an Martje Flohrs, die wohl bekannteste Einwohnerin Katharinenheerds. Das heute in Nordfriesland gerne als Trinkspruch genutzte Zitat »It ga uns wol op unse olen dage.« – »Es geht uns gut auf unsere alten Tage«, soll sie als Zehnjährige betrunkenen Soldaten gesagt haben. Im Innern erwarten den Besucher weitere Schätze. Etwa die mit lebhaften Szenen ausgestattete Kanzel aus der Zeit der Hochrenaissance, der Altar und die Kirchenuhr von 1617 sowie die noch ältere Holzskulptur des heiligen Georg auf dem Pferd. Festgehalten in einer Bewegung, als würde er gleich aus dem Chor hinausreiten.

Eine schöne Möglichkeit, die Halbinsel zu erkunden, sind Radtouren von Kirche zu Kirche. Ein Rundtrip führt von der Katharinakirche nach Tetenbüll, Garding, Welt, Vollerwiek und zurück.

52

Erfahrungsfeld Mars-Skipper-Hof Ein Garten für die Sinne e. V.

Gardinger Chaussee 3
25832 Kotzenbüll
04861 617480
www.eingartenfuerdiesinne.de

Ein Garten für die Sinne

Erlebnisgelände Mars-Skipper-Hof

Es regnet Apfelblüten im Obstgarten, einem Teil des von Wasserläufen durchzogenen Geländes rund um den historischen Haubarg Mars-Skipper-Hof. Maren von der Heide vom Vereinsvorstand kümmert sich um eine frisch eingetroffene Schulklasse, die auf Entdeckungsreise gehen wird. In Eiderstedt, aber auch auf dem weitläufigen Areal. Mehr als 80 interaktive Stationen wie Windharfe und Barfußweg sollen die Sinne schulen, basierend auf dem Konzept des Künstlers und Pädagogen Hugo Kükelhaus.

»Leben ist Schwingung«, meinte Kükelhaus. Dem Wahrheitsgehalt der Aussage kann man auf dem Pendelstein auf den Grund gehen. Das Hin- und Herschwanken wirkt nicht zuletzt beruhigend. Für gemeinschaftliche Erlebnisse sind etwa die Balancierscheibe oder die Partnerschaukel zu nutzen. Letztere koppelt die Bewegungen eines Wippenden an sein Gegenüber, die gegenseitige Abhängigkeit wird spürbar. Eine übers Wasser führende Floßbrücke fordert den Gleichgewichtssinn. Laufen mehrere gleichzeitig drüber, steht auch an dieser Station die Zusammenarbeit im Vordergrund.

Im Haubarg werden ebenfalls die Neugierde und das Entdecken mit allen Sinnen geweckt. Es geht ums kreative Erleben, es darf gefilzt, gewebt, gebastelt und musiziert werden. Wer sich für die besondere Architektur Eiderstedts interessiert, kann die Konstruktionsweise des Haubargs mit dem Vierkant als tragendem Gerüst im Innern studieren. Auf dem Außengelände treffen Besucher zudem ein paar Schafe, Gänse und Hühner. Streicheln ist erlaubt, solange die Tiere es zulassen. Der Zirkuswagen vor dem Hof funktioniert als kleines Café, das frische Brötchen, selbstgebackenen Kuchen, herzhafte Kleinigkeiten, heiße und kalte Getränke anbietet. Ob es nun der Ausflug mit einer größeren Gruppe oder in der Familie ist, eine Anmeldung ist empfehlenswert!

Übernachtungen in der Gruppe mit Frühstück oder Vollverpflegung sind im barrierefreien Nebengebäude möglich. Es wurde aus Holz und Lehm gebaut und verfügt über ein entsprechend gutes Raumklima.

58

Ele's Alte Werft **– Bistro, Café, Biergarten**
Am Eiderdeich 21
25832 Tönning
0162 9818957

Schiffstouren Tönning
(April–Oktober)
Startpunkt: Eiderkaje
25832 Tönning
Tourist-Info:
04861 61420
toenningtourismus.de/freizeit-tipps/schiffstouren

Schiffsträume und Fischbrötchen

Café-Bistro *Ele's Alte Werft*

Vor uns der Binnenhafen, sachte im Wasser schaukelnde Boote und das alte Kanalpackhaus zur Rechten. Die ehemalige Holzschiffwerft zeugt von Tönnings maritimer Vergangenheit. Seit 1740 wurde an diesem Ort an Schiffen gesägt, gehobelt und geschraubt, noch bevor der Hafen durch die Elbblockade und Kontinentalsperre Anfang des 19. Jahrhunderts zum international bedeutenden Umschlagplatz für Handelsware wurde. Auf der Werft entstand neben Fischerbooten und Großseglern auch die Eiderschnigge, ein Frachtsegler für Flachwasser. Bis zur Mitte des 20. Jahrhunderts gingen Schiffe vom Stapel, danach wurde die Werft für Reparaturen genutzt.

Heute können Gäste in der historischen Halle und im Garten hausgemachten Kuchen und kleine Speisen genießen. Das kulinarische Angebot reicht von Klassikern wie Currywurst über Fischbrötchen bis zu Fisch und Chips. Die Tönninger treffen sich gerne auf einen Kaffee oder Aperitif in der Werft, allein wegen der Lage und des besonderen Flairs.

Erst einmal die Bestellung am Tresen inmitten der Halle aufgeben und den Blick schweifen lassen. Die Werft steckt voller Erinnerungen. Wollen wir drinnen sitzen und jenen Duft alter Zeiten einatmen? Inmitten einer Sammlung nostalgischer Details und Wänden, die Geschichten erzählen könnten. Oder lieber draußen im Strandkorb bei der Slipanlage Platz nehmen, die so viele Schiffe in Richtung Freiheit entließ?

Fallen am Abend die Temperaturen, schützen Kissen und kuschlige Decken vor der kühlen Luft. Wer etwas Warmes bestellt, bekommt einen Funkrufempfänger in die Hand gedrückt, der diskret summt, zittert und blinkt, wenn das Essen fertig ist. Jetzt heißt es nur noch abholen und genießen. Den Booten beim Wippen zusehen. Und in der Blauen Stunde dem Surren der Mücken lauschen.

Um Tönnings maritimer Seele noch näherzukommen, bietet sich eine Fahrt mit dem Ausflugsboot auf der Eider bis zum Meer an. Manchmal sind Seehunde zu sehen.

54

Weihnachtsereignis im Packhaus
Am Eiderdeich 18
25832 Tönning
packhaus-tönning.de
www.weihnachtsereignis.de

Schankwirtschaft Wilhelm Andresen
Katingsiel 4
25832 Tönning
04862 370
www.schankwirtschaft-andresen.de

Singend in den Advent

Weihnachtsereignis im Packhaus

Er ist schon da, der Weißbärtige im roten Gewand. Die Zipfelmütze baumelt leicht, wenn er sich bewegt. Der Weihnachtsmann lauscht aufmerksam dem Gedicht eines kleinen Jungen. Überall blinken Lichter, innerhalb der dicken Mauern des historischen Kanalpackhauses leuchten Kugeln, Sterne, Tannenbäume. Glühweinduft liegt in der Luft. Ein Mann mit Gitarre singt »In der Weihnachtsbäckerei«, und nicht wenige an den Tischen stimmen ein. Das Packhaus mutiert im Advent zum Treffpunkt für Familien und Freunde.

Im Verlauf des Nachmittags spielt eine ganze Band aus Nikoläusen rasante Jazz-Versionen von Weihnachtsliedern. Waffeln und Kuchen auf den Tischen, zufriedene Gesichter hinter dampfenden Kaffeebechern. Ebenso draußen, bei den Holzhäuschen am Hafen, in denen Grünkohl gekocht, Futjes gebacken und Eiergrog kredenzt wird. Kurz nach vier bricht die Dunkelheit herein, noch einmal trumpft die Sonne auf und färbt den Himmel in Pastelltönen. Wolken spiegeln sich auf der Oberfläche des restlichen Wassers, denn auch die Eider kennt Ebbe und Flut, so kurz vor der Mündung in die Nordsee. Ein paar Kutter und Boote sind trockengefallen. Immer noch strömen Besucher ins Packhaus, hinter die Fassade mit dem wohl längsten Adventskalender der Welt.

Der Weihnachtsmarkt im Trockenen geht über zwei Etagen, ein Aufzug ist vorhanden. Selbstgenähte Taschen liegen neben individuellen Christbaumkugeln, Silberschmuck neben Topflappen in Fischform, fertig geschmückte Friesenbäume, Keramik und Dithmarscher Deichläufer, windschnittige Mützen inklusive Ohrenschutz. Nicht selten vertreiben sich die Kreativen hinter den Theken die Zeit mit Häkeln oder Stricken. Und nicht wenige denken, dass es wohl der schönste Markt der ganzen Gegend ist.

Eine gute Gelegenheit, den berühmten Eiergrog der Schankwirtschaft Andresen bei den Holzhäuschen zu probieren, wenn man nicht mehr Auto fahren muss. Normalerweise wird er nur in Katingsiel serviert.

55

Multimar Wattforum
Dithmarscher Straße 6a
25832 Tönning
04861 96200
www.multimar-wattforum.de

Wo der Hummer hockt

Besucherzentrum *Multimar Wattforum*

Während das Meeresrauschen aus der Konserve kommt, treffen Besucher die Wattbewohner vor Ort. Kinder und Erwachsene genießen es, im *Multimar Wattforum* auch aktiv werden zu können. Sie drehen zum Beispiel an einer Kurbel, was für Wellengang in einer Brandungszone sorgt. Im Watt als Biotop mit extremen Bedingungen siedeln sich nur Lebewesen an, die mit viel Bewegung zurechtkommen, darunter Strandschnecken, Einsiedlerkrebse und Seesterne.

Selbstredend tummeln sich zahlreiche Fische im *Wattforum*. Platte Schollen, der Große Knurrhahn, der sich mit weiteren Gesellen eines der Aquarien teilt. Goldbrassen, Dicklippige Meeräschen oder Streifenbarben, die mit ihren Tastbarteln den Boden nach Nahrung absuchen. Und der in freier Wildbahn fast verschwundene Nordseeschnäpel. Bei einigen Stationen können die Jüngsten ihr frisches Wissen gleich auf die Probe stellen. Oder sich an Mikroskopen wie Forscher fühlen, die eine Miesmuschel oder klitzekleine Strandschnecken untersuchen. Einige Tiere können Gäste sogar unter Wasser berühren. Eine ausgestopfte Kegelrobbe wiederum ist derart beliebt, dass ihr gescheckter Pelz von den vielen Streicheleinheiten schon kahle Stellen aufweist.

Schließlich führt der etwa zweistündige Rundgang in Hochseegewässer, es schwimmen dicke Wolfsbarsche und Seelachse vorbei. Auf dem Boden hockt der Europäische Hummer und leuchtet blau. Angeblich ist er nachtaktiv, doch dieses Exemplar scharrt am helllichten Tag munter mit den Scheren. Im Untergeschoss streckt ein männlicher Pottwal sich mit offenem Maul ganze 17,5 Meter in den Raum. Wer unter dem Riesen steht, den überkommt ein Gefühl von Bedeutungslosigkeit. Nicht umsonst sagen die Inuit: »Es tut dem Menschen wohl, an den Wal zu denken.«

Das *Multimar Wattforum* hat eigens für Senioren Besucherinformationen auf der Website aufbereitet und punktet vor Ort mit Service. Neben Barrierefreiheit über alle Etagen hinweg sorgen genügend Sitzmöglichkeiten für Entspannung. Das umweltfreundlich geführte Restaurant lockt mit regionalen Gerichten und Ausblick auf die Eider.

56

Schankwirtschaft Wilhelm Andresen
Katingsiel 4
25832 Tönning
04862 370
www.schankwirtschaft-andresen.de

NABU Naturzentrum
Katinger Watt
Katingsiel 14
25832 Tönning
04862 8004
www.schleswig-holstein.nabu.de

Im Schatten der Buche

Schankwirtschaft Andresen in Katingsiel

Am schönsten ist es, zu dem urigen Reetdachhaus zu spazieren oder zu radeln. Die Schankwirtschaft Andresen liegt an der über 400 Jahre alten Wasserstraße Süderbootfahrt, die Garding mit Katingsiel verband.

Auf dem Kanal wurden einst flache Kähne voller Waren getreidelt, heute dient die ehemalige Handelsstraße nur mehr der Entwässerung. Als 1613 die Schleuse fertiggestellt wurde, erhielt der Vorgängerbau des Gasthofs die erste Schanklizenz. Das heutige denkmalgeschützte Backsteinhaus stammt aus dem 17. bis 18. Jahrhundert. Sicher ist, dass die Delfter Kacheln im Innern 1750 als Schiffsballast aus den Niederlanden nach Katingsiel kamen. Was von einem gewissen Wohlstand zeugt, denn während der Kontinentalsperre gedieh der Handel nördlich der Eider.

Unter der Ägide von Wolfgang Andresen, dem Vater des aktuellen Besitzers, wuchs die Schankwirtschaft zu dem, was die Leute auf Eiderstedt kennen und lieben. In den Räumlichkeiten tauchen die Gäste bei nostalgischer Möblierung, hübschen Kacheln und Schwarz-Weiß-Fotos in eine andere Zeit ein. Im Sommer lässt es sich draußen wunderbar im Schatten der Buche verweilen, die Volker Andresens Großmutter einst pflanzte.

Der hausgemachte Kuchen oder die Dinkelwaffeln mit Blaubeeren sind ein Genuss. Andresens kreieren ihre Speisen am liebsten mit Produkten aus dem eigenen Garten und der Region. Zum Beispiel das Schwarzbrot mit Eiderstedter Lammsalami oder Bio-Schafskäse. Über die Grenzen der Halbinsel bekannt ist der Eiergrog nach dem Originalrezept der blonden Cathrein. Ebenjene Großmutter, die die Buche setzte und die Schankwirtschaft mehr als 60 Jahre lang leitete. Cathrein Andresens cremige Erfindung basiert auf einem Rezept, das wiederum ihr Großvater einst aus Frankreich mitbrachte.

Schauen Sie beim nahen Naturzentrum *Katinger Watt* vorbei und nehmen Sie vielleicht an einem »Vogelkiek« teil. Mit etwas Glück lassen sich Säbelschnäbler, Silberreiher und Kiebitze blicken.

57

Katinger Watt
Startpunkt: Parkplatz Schute
Katinger Dorfstraße
25832 Tönning

Eidersperrwerk
Restaurant
Aussichtspavillon
Parkplatz Südseite
An der L305
25764 Wesselburenerkoog

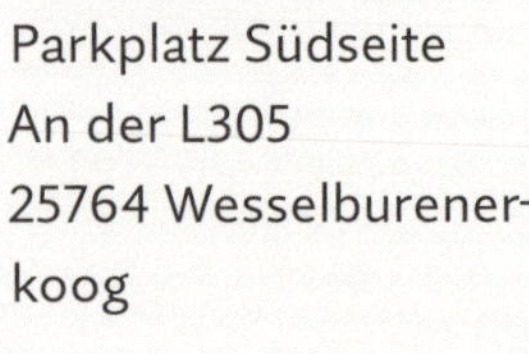

Aus dem Meer geboren

Spaziergang im Katinger Watt

Die Musik des Waldes, eine Komposition aus dem Summen der Insekten, dem Rauschen der Blätter, den Rufen der Vögel. Das gilt auch für den Forst, der aus dem Watt geboren wurde. Wer der Dorfstraße aus Kating folgt und hinter dem Knick den kleinen Parkplatz erreicht, atmet erst einmal tief die würzige Waldluft ein. Ein Genuss für Körper und Seele, den wir bei einem leichten Spaziergang durch das Katinger Watt fortsetzen. Eine gute Stunde können wir bei gemütlichem Tempo für die fast vier Kilometer einplanen.

Wir biegen rechts in den Schutenweg ein. Der Rumpf eines alten Holzboots ist ein Stück weiter im Dickicht auszumachen. Die ehemalige Schute, ein Boot ohne Motor, ist dem Verfall preisgegeben. Und der Meeresboden süßt langsam aus. Rund um die Eidermündung erstreckten sich einst Wattflächen und Wiesen, die bei Sturmflut oder Regenhochwasser überschwemmt wurden. Trockengefallene Wattflächen sind bei Ebbe heute noch während einer Schiffstour auf beiden Seiten der Eider zu sehen. Doch hat sich ein großer Teil des Katinger Watts seit den 1970er-Jahren radikal verändert. Eidersperrwerk, Deichbau und gezielte Aufforstung haben einen Wald entstehen lassen, wo sich einst Seehunde auf Sandinseln aalten. Im Vordergrund stand immer der Hochwasserschutz für die Gebiete an der Eider.

Heute prägen Eschen, Eichen und Pappeln vornehmlich das Bild in Grün. Blau blüht das Knabenkraut am Wegesrand, gelb die Wiesenplatterbsen. Blesshühner ziehen über den Ringpriel, den wir erreichen, nachdem wir dem Schutenweg gefolgt und am Ende links abgebogen sind. Wir überqueren den Ringpriel und halten uns eine Weile parallel dazu, bevor wir bei nächster Gelegenheit erneut die Seite wechseln. Von hier können wir über den Peter-Loetz-Weg zum Parkplatz zurückkehren.

Am nahen Eidersperrwerk nach den Krabbenkuttern schauen, denen sich hinter der Schleuse das Tor zum Meer öffnet. Fisch- oder Krabbenbrötchen gibt es beim Aussichtspavillon auf der Südseite.

Dithmarschen

SC57

58

Lundener Niederung
Startpunkt: Parkplatz am Gerichtsweg
25776 Rehm-Flehde-Bargen

Café *Liebevoll hinterm Deich*
Lundenerkoog 1
25774 Lehe
04882 6060333
www.liebevoll-hinterm-deich.de

Das Reh im Reet

Spaziergang durch die Lundener Niederung

Ein Rehkopf lugt aus einem Ozean von Reethalmen hervor, in seiner Bewegung erstarrt. Ein Stück entfernt fliegt ein Kranich mit weiten Schwingen und lässt sich inmitten des Schilfs nieder. Die Lundener Niederung hat er als Brutgebiet auserkoren, gemeinsam mit vielen anderen Vögeln. Auf dem knapp drei Kilometer langen ebenen Pfad vom Parkplatz am Gerichtsweg bis zum Aussichtsturm am Mötjenpolder begegnen wir mit etwas Glück einigen Bewohnern der Niederung.

Das 900 Hektar große Naturschutzgebiet in der Flusslandschaft Eider-Treene-Sorge liegt zu großen Teilen unterhalb des Meeresspiegels. Einst wurde die Niederung landwirtschaftlich genutzt, dazu hat man die Wasserstände herabgesenkt. Haffseen verlandeten, nur der Mötjensee blieb erhalten. Moore wurden in Grünflächen umgewandelt. Noch heute werden Teile des Röhrichts für die Reetdächer der Region gemäht. Bis ins späte Frühjahr sind die Lockrufe der paarungsbereiten Frösche zu vernehmen. Der seltene Moorfrosch ist im Niederungsgebiet ebenso beheimatet wie die Erdkröte. Ein Tagpfauenauge lässt sich auf einer Löwenzahnblüte nieder, der Weg wird an diesem Abschnitt von Weidenbüschen flankiert. Ein Blaukehlchen fliegt auf und verschwindet im Dickicht. Irgendwo in der Ferne ruft ein Kuckuck. Sind es die hellen Stimmen von Rohrweihe-Jungen, die in der Niederung erklingen?

Eine Bank inmitten der Landschaft, jetzt die Augen schließen und den Tieren des Naturschutzgebietes lauschen. Oder die Picknicksachen auspacken. Kaum eine Menschenseele unterwegs. Stille ebenso auf dem Aussichtsturm, nur das Pfeifen des Windes ist zu hören. Die Lundener Niederung ist ein Ort der Zurückgezogenheit. Ein vielfältiger Lebensraum, auch wenn er anfangs nicht so wirkt. Man muss nur innehalten von Zeit zu Zeit.

Nach der Wanderung im Café *Liebevoll hinterm Deich* einkehren. Neben Kuchen und gutem Kaffee kann man auch die herzhafte Dithmarscher Kohltorte mit Soße probieren.

59

Kleiner Eiderstrand
Am Eiderhafen
Kanupoint Delve
Eiderstraße
25788 Delve

Landcafé Klön-Stuuv
Fuhlhorn 10
25788 Delve
04803 601324
fremdenverkehrs
verein-delve-schwien
husen.de/die-gastrono
mie/cafe-kloen-stuuv

Ein Bad am Morgen

Kleiner Strand an der Eider

Kühe ruhen im Gras, ab und an dringen heisere Töne von Delves Kirchenglocke bis zur Eider. Ein Hahn kräht in der Ferne. Der Ort klingt am Morgen leicht verschlafen. Das Dorf in Dithmarschen liegt idyllisch am Wasser, was wohl die Namensgebung beeinflusst hat. Denn »delf« heißt »Graben« im Niederdeutschen, wobei die Eider sich in wundersamen Schleifen durchs Land windet und die Landschaft weit mehr prägt, als ein Graben es je könnte. So schwingt der Fluss sich um den Ort mit seinen Reetdachhäusern, dem niedrigen Deich und der Stöpe, die früher bei drohendem Hochwasser mit Eichenbohlen und Sand verschlossen wurde.

Die Sonne scheint warm auf die Haut, als wir den Anleger für Segel- und Hausboote direkt hinterm Campingplatz erreichen. Es gibt eine Kajak-Vermietung, daneben einen winzigen Strand. Eine ältere Dame erscheint im Profi-Outfit mit Gummischuhen, Bademantel und -anzug. Sie schwimmt ein Stück mit der schwachen Strömung, dann krault sie ohne große Kraftanstrengung zurück. Friedlich, der Morgen in der ruhigen Flusslandlandschaft. Nur ein paar Fische gesellen sich zu uns und springen übermütig in die Luft. Wer seine Hand durchs Wasser gleiten lässt, spürt dessen Weichheit. Sogar Sand gibt es am schmalen Flussstrand. Und im Hintergrund zwitschert es munter von den Bäumen und Sträuchern.

Zurück am Ufer schwärmt die Badende vom Wasser, um die 20 Grad habe es im Sommer. Von Mai bis September ginge sie hier schwimmen, früher hätte sie es sogar im Winter getan. Schwimmsachen dabeizuhaben, macht immer Sinn, denn selbst im Binnenland tun sich wunderbare Möglichkeiten auf. Zwar betont die Einheimische, dass man in Delve problemlos nackt baden könne, doch der Platz wird mit fortschreitender Stunde immer belebter.

Im Garten unter hohen Bäumen hausgemachten Kuchen verspeisen, das geht in der Delver *Klön-Stuuv*. Bei Schietwetter punktet das traditionelle Landcafé mit Gemütlichkeit im Retro-Stil und einem Ofen.

60

Bargener Fähre
(Mai–September)
Ableger: Zur Alten Fähre
25788 Delve
04803 255
www.bargener-faehre.de

Die schwimmende Brücke

Bargener Fähre

Der Weg endet dort, wo der Strand beginnt. Ein kleiner naturbelassener Strand. Die Leute grüßen, ein paar Jungen hüpfen munter ins Wasser, umsäumt von Schilf und Gras. Welche Temperatur die Eider wohl haben mag? Nach ein paar warmen Tagen etwa 16 Grad, meint der Schiffsführer im blau-weiß gestreiften Fischerhemd.

Seit 2001 quert die Fähre zwischen Schwienhusen und Bargen von Mai bis September am Wochenende und an Feiertagen die Eider. Das ist schön für alle, die mit dem Rad unterwegs sind oder ihren Spaziergang am anderen Ufer ausdehnen möchten. In Bargen warten nicht nur ein lauschiger Campingplatz am Wasser und eine Kanueinsatzsstelle, sondern auch ein Café.

Links vom Anleger eine Glocke für wartende Passagiere, um zu signalisieren: »Fährmann, hol över!« Manchmal setzt man allein über die Eider, sieht Kindern beim Baden zu, Jugendlichen beim Stehpaddeln und Älteren beim gemütlichen Schnacken am Eiderstrand. Man kommt ins Gespräch mit dem Mann am Steuer. Mit Blick auf die Schwimmer meint der Schiffer, Dithmarscher kennen keine Kälte. Und die Nordfriesen? Er lacht. Die schon. Ein bisschen ist noch geblieben von der alten Rivalität der Regionen, wenn auch im Spaß.

Wir bewegen uns bei Flusskilometer 50 oder 51 von insgesamt 188. Die Eider misst an dieser Stelle 108 Meter in der Breite. Die Fährverbindung existiert seit dem 16. Jahrhundert, doch wurde der Betrieb zwischenzeitlich eingestellt, nachdem in den 1960er-Jahren eine Brücke in der Nähe errichtet worden war. Heute gilt die Bargener Fähre als Treffpunkt, Attraktion und Freizeitaktivität.

Der Fährmann nimmt nur Fußgänger und Radfahrer mit. Pro Person geht ein Euro in die Kasse des zugehörigen Vereins. Das Auto kann man sowohl in Schwienhusen als auch in Bargen stehen lassen. Am schönsten ist es aber, das Erlebnis auf dem Wasser mit einer Radtour rund um die Eider zu verbinden.

Wer sich zu einer der Längsfahrten über die Eider anmeldet, genießt eine stimmungsvolle Tour auf der Fähre bei Sonnenaufgang oder Dämmerung mit geselligem Beisammensein und echten »Eider-Geschichten«. Auch fürs leibliche Wohl wird gesorgt.

61

Restaurant-Café Ulmenklause
Am Markt 4
25764 Wesselburen
04833 5455505
www.ulmenklause.de

Kirche St. Bartholomäus
Am Markt 13
25764 Wesselburen

So kocht Dithmarschen

Ulmenklause

Wir sind mitten im historischen Ortskern von Wesselburen, einem 3.500-Seelen-Ort im nördlichen Dithmarschen. Bereits zwischen 900 und 1000 war die Gegend besiedelt, aus dieser Zeit stammt die zentrale Dorfwurt, die später erhöht wurde. Zwischen dem 16. und 18. Jahrhundert profitierte Wesselburen vom Ende der Bauernrepublik Dithmarschen und konnte sich wirtschaftlich weiterentwickeln, bis es 1899 sogar die Stadtrechte erhielt. Die arbeitende Bevölkerung setzte landwirtschaftlich auf Zuckerrüben, später auf Weißkohl, und produzierte Sauerkraut.

Als eines der ältesten Gebäude im Ort gilt die *Ulmenklause*, kurz »Ulme« genannt, ebenso wie das Rathaus und das Hebbel-Museum. Wo sich die Sankt-Bartholomäus-Kirche imposant im Hintergrund erhebt, genießen die Gäste die typische Küche der Region, etwa die Dithmarscher Kohlpfanne von Annika Schütt. Das deftige Gericht wird mit Weißkohl, Wirsing, Kohlrabi, Möhren, Kartoffeln und Hackfleisch zubereitet. Vielleicht kein Tipp für ein Mittagessen in der Mittagshitze, doch für den Abend eignet es sich sogar im Sommer.

Die Küche ist derweil durchgehend geöffnet und bietet neben Klassikern wie Sauerfleisch, *Scholle Finkenwerder Art* und Matjes mit Kräuterschmand auch Ofengemüse und vegetarische Pasta. Beliebt sind die süßen Kreationen wie Waffeln oder Blätterteiggebäck mit Pflaumenmus. Alles wird frisch gekocht, saisonale Angebote ergänzen die Karte. Auf regionale Produkte legt die Inhaberin großen Wert, so kommen etwa die Krabben aus dem nahen Tönning und die Kartoffeln aus dem noch näheren Reinsbüttel.

An schönen Tagen sind auf der Terrasse schnell alle Tische besetzt, doch im Innern lockt nordisches Flair mit hellem Mobiliar und mintfarbenen Wandpaneelen im Landhausstil.

Die Sankt-Bartholomäus-Kirche brannte wie der ganze Ort im Jahr 1736. Zwar blieb sie in Teilen erhalten, doch veränderte der Baumeister das Gesamtkonzept beim Wiederaufbau.

62

KOHLosseum
Bahnhofstraße 20
25764 Wesselburen
04833 45890
www.kohlosseum.de

Von der Ackerpille zum Sauerkraut

Museum *KOHLosseum* mit Bauernmarkt

Es war ein Gärtner aus Wesselburen, der 1889 auf Kohl setzte. Er initiierte die bald weiträumige Kultivierung von Weißkohl genau hier, inmitten des fruchtbaren Marschlandes der Küstenregion. Heute erinnert das Museum im *KOHLosseum* an die Anfänge und Entwicklung zum größten zusammenhängenden Kohlanbaugebiet in Europa, dem Stolz der Dithmarscher.

Eigentlich wurde der Backsteinbau ab 1865 zunächst für die Zuckerproduktion genutzt. Doch mit der wachsenden Bedeutung des Kohls für die Region wurde auf den 400 Quadratmetern von 1948 bis 1995 eine Sauerkrautkonservenfabrik unterhalten. Der ehemalige Betriebsleiter jener Firma, Hubert Nickels, sollte sich in der Folge mit der Erfindung des atmenden Deckels für die heutigen Sauerkrautgläser sowie eines schonenden Gärverfahrens einen Namen machen. Gemeinsam mit anderen richtete er sodann im leer stehenden Gebäude seines früheren Arbeitgebers zunächst eine Krautwerkstatt, 2008 ein Kohlmuseum und später einen Laden ein.

Heute füllen die erste Etage diverse Gerätschaften, die anfänglich das Pflanzen auf dem Feld erleichtert haben. Kohlschneidemaschinen, Krautfässer und Schwarz-Weiß-Aufnahmen, wohin das Auge blickt. Nach wie vor werden die Köpfe mit der Hand geerntet, doch können die Jungpflanzen mittlerweile in klimatisierten Gewächshäusern vorgezogen werden, bevor sie gesetzt werden.

Der Weißkohl wird von den Dithmarschern aufgrund seines Nährstoffgehalts liebevoll »Ackerpille« genannt. Darum ist er im Laden des *KOHLosseums* auch als Inhaltsstoff in Salben, Cremes und Shampoos zu finden. Fokus bildet dennoch die Produktion des eigenen Bio-Sauerkrauts in der Krautwerkstatt. Dabei dürfen Besucher den Mitarbeitern an bestimmten Terminen sogar über die Schulter schauen. Das Sauerkraut hält sich im Kühlschrank ein halbes Jahr.

Immerhin werden alljährlich um die 80 Millionen Kohlköpfe in der Region geerntet. Grund genug, »Kohlregentinnen« zu wählen und im Herbst an verschiedenen Orten die *Dithmarscher Kohltage* zu feiern.

63

Heider Marktfrieden
(alle zwei Jahre im Juli)
Marktplatz
25746 Heide
0481 78760690
www.heider-marktfrieden.de

Konzert- und Ballhaus Tivoli
Turnstraße 2
25746 Heide
0481 62122
www.tivoli-heide.de

Zurück ins Mittelalter

Historienfest Heider Marktfrieden

Samstags ist alles anders auf dem Heider Marktplatz. Da müssen die Autos weichen, der Platz wird seinem Namen gerecht, und es wimmelt vor Menschen zwischen Marktständen. Aber es kommt noch besser: Alle zwei Jahre im Juli macht Heide sich bereit für einen mehrtägigen Zeitsprung ins Mittelalter, den Einheimische und Gäste aller Altersklassen gerne wagen.

Auf dem heute mit 4,7 Hektar größten Platz Deutschlands wurde 1447 das erste Dithmarscher Landrecht verkündet, darunter der »market vrede«. Der Marktfrieden sollte den Händlern Sicherheit garantieren. In der Folge behielt die ehemalige Bauernrepublik den Platz als Versammlungsort, die bäuerlichen Regenten trafen sich im 16. Jahrhundert immer samstags. Und Heide wuchs mit seinem Markt, es reifte zur Hauptstadt der Region.

Der Historie zu Ehren wurde 1990 der Mittelaltermarkt *Heider Marktfrieden* aus der Taufe gehoben. Wohl dem, der im passenden Kostüm erscheint, erspart er sich doch die Silberlinge für den Eintritt. Ein Wochenende dauert das ereignisreiche Spektakel. Als Höhepunkte des Programms gelten der Brautzug und die »Hochtiedsfier« zum Abschluss.

Zwischen zeltartigen Ständen laufen Männer und Frauen in langen Gewändern, Trachten oder Knickerbockern umher. Es duftet nach Gewürzen, Braten, frisch gebackenem Brot und Schmalzgebackenem. Überall wird gewerkelt, es werden Seile gedreht und Bogenschießer angelernt. Gefilztes, Felle, Kerzen und Kopfbedeckungen werden verkauft, Musikinstrumente, Waffen, Schmuck. Ja, es wird sogar in Bottichen gebadet. Menschen sitzen am lodernden Feuer, auf Heuballen oder Holzbänken, auf den nächsten Akt des Festspiels wartend. Hunde liegen unter Tischen oder Bänken, es ist sogar genug Platz für eine Pferdekutsche auf dem Heider Marktplatz.

Für Veranstaltungen eignet sich bestens das Konzert- und Ballhaus *Tivoli* in der Turnstraße. Die Architektur aus dem 19. Jahrhundert steht unter Denkmalschutz, wunderschön allein der Saal mit Empore und gusseisernen Stützen.

64

Hofcafé Fünf Linden
Dorfstraße 49
25770 Hemmingstedt
0481 64941
www.hofcafe-fuenf-linden.de

Landesdenkmal Dusenddüwelswarf
Infopavillon *Schlacht bei Hemmingstedt*
Dehling 4
25704 Epenwöhrden

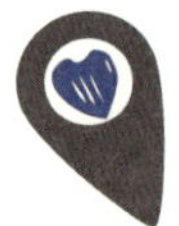

Aber bitte mit Sahne!

Hofcafé Fünf Linden

Ein Hase hoppelt über die Wiese und verschwindet im Kornfeld. In Hemmingstedt ticken die Uhren langsam. Der 2.900-Seelen-Ort liegt zwischen Heide und dem hübschen Meldorf, auf dem Weg zur Nordsee wird er von Touristen leicht übersehen. In der Geschichte der Bauernrepublik spielte er jedoch eine entscheidende Rolle. In Hemmingstedt konnte 1500 das dänische

Heer trotz Überzahl gestoppt werden. Dabei half den Bauern der Trick, die Siele zu öffnen und das Land zu fluten.

Heute fallen die Umrisse der nah gelegenen Raffinerie ins Auge, nähert man sich von Heide aus. An manchen Tagen wirken sie nahezu gespenstisch. Immerhin dient die Abwärme der Anlage dem örtlichen Freibad, um auf Temperatur zu kommen. Mit Wasser von 28 bis 30 Grad ist es als das wärmste in der Region bekannt.

Zudem steht Hemmingstedt für die hohe Kompetenz der Dithmarscher in Sachen Backwaren. Seitdem Familie Pankonin 2005 das *Hofcafé Fünf Linden* eröffnet hat, schätzen Gäste wie Einheimische die frisch hergestellten Kuchen und Torten, unter anderem eine der besten Erdbeer-Sahne-Torten der Gegend. Vor der Vitrine hat der Kuchenliebhaber die Qual der Wahl: Stachelbeer-Baiser, gefüllter Käsekuchen, Eierlikör-Torte oder Rhabarber-Kuchen vom Blech – das Angebot variiert an den geöffneten Tagen je nach Saison. Herzhafte Kleinigkeiten wie belegte Brötchen stehen ebenfalls auf der Karte, Frühstück ist nach Absprache möglich. Egal ob bei schönem Wetter im Garten oder in der umgebauten, lichten Scheune, die Inhaber umsorgen stets freundlich ihre Gäste.

Die Familie führt das *Hofcafé* mit dem Ansinnen, einen Ort der Begegnung und des gemütlichen Zusammenseins zu schaffen. Ein wichtiges Anliegen im beschaulichen Hemmingstedt! Im ehemaligen Kornspeicher wurde zudem ein Ausstellungsraum für Malerei und Kunsthandwerk eingerichtet.

Das 1900 errichtete, bizarr anmutende Denkmal *Dusenddüwelswarf* mit dem Findling in der Mitte erinnert an die für Dithmarschen so wichtige Schlacht, die in der Nähe stattgefunden hat.

65

Fünffingerlinde im
Riesewohld
Riesewohld 2
25767 Arkebek

Museum für Archäologie und Ökologie Dithmarschen
Bahnhofstraße 23
25767 Albersdorf
04835 971974
www.steinzeitpark-dithmarschen.de

Waldbaden

Spaziergang durch den Riesewohld

Wir laufen über hügeliges Gelände, von der Eiszeit geformt. Ein überwachsener Ringwall verweist auf eine Siedlung aus der Zeit um Christi Geburt. Mit federndem Schritt wandeln wir über das laubbedeckte Erdreich. Der größtenteils naturbelassene *Riesewohld* gilt als Lieblingswald der Dithmarscher und erzählt spannende Geschichten.

Statt gleich zum bekanntesten Baum zu laufen, der legendären Fünffingerlinde, biegen wir ab und landen auf einem eingetieften historischen Weg. Fast auf Augenhöhe mit dem Waldboden, die klassische Käferperspektive also. Die Bäume wirken wie eine Gruppe mit Gemeinschaftssinn. Tatsächlich kommunizieren die grünen Riesen miteinander, sie helfen sich sogar. Während sich der Mensch beim Waldbaden beschützt und unterm Blätterdach geborgen fühlt.

Der etwa 700 Hektar große *Riesewohld* bei Arkebek ist alt. Nicht eben der Teil mit den geraden Reihen von Nadelbäumen, sondern jener wildere Teil, der Laubmischwald, in dessen Mitte die Fünffingerlinde emporragt. Sein Name rührt vom Reisig her, abgeleitet vom niederdeutschen Wort »Ries«. Während wir heute unter der Bezeichnung die abgefallenen dürren Äste verstehen, umschrieb sie einst Gebüsch. Der Forst galt als Niederwald, gekennzeichnet durch Stockausschlag. Er wurde von Bauern genutzt, die zur Brennholzgewinnung die Bäume auf den Stock setzten, sodass sie erneut ausschlugen. Anders als beim Kahlschlag blieb der Wald auf diese Weise erhalten, und mit ihm die Spuren, die bis in die Steinzeit zurückdatieren.

Auch der Bestand an Winterlinden deutet auf das hohe Alter des Waldes hin, da diese andernorts schon vor zwei Jahrtausenden meist von Buchen verdrängt wurden. In der Mitte der wohl älteste Baum, die Fünffingerlinde, die alle Besucher in ihren Bann zieht.

Einen tieferen Einblick in die Entwicklung der Gegend vermittelt das Museum Albersdorf im historischen Bahnhofshotel von 1906.

66

Steinzeitpark Dithmarschen
Süderstraße 47
25767 Albersdorf
04835 971097
www.steinzeitpark-dithmarschen.de

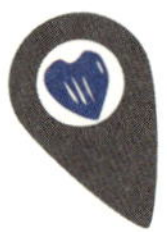

Wo das Mammut ruht

Steinzeitpark Dithmarschen

Mal kurz ins Mesolithikum schweifen? Wenn im Sommer Menschen in Felle gehüllt vor einfachen Hütten hocken, scheint der Sprung in die Steinzeit geschafft.

Der Park in Albersdorf möchte Geschichte zum Anfassen und Mitmachen vermitteln – für alle Altersklassen. Einer Siedlung mit mehreren Quartieren wurde Leben eingehaucht.

Hier und dort stehen Museumspädagogen und geschulte Mitarbeiter in Steinzeitkluft als Ansprechpartner bereit, obwohl sie manchmal in ihre Tätigkeiten vertieft wirken. Fragen sind erwünscht! Während in der einen Behausung jemand versucht, einen Flintstein zum Feuermachen zu bearbeiten, brennt es vor einer anderen schon. Eine fellbekleidete Frau spielt Gitarre und sitzt singend vor dem Feuer. Da es zu einer stimmungsvollen Atmosphäre beiträgt, macht es wenig, kurzzeitig aus der Steinzeit zu fallen. Vielmehr drängt sich die Frage auf: Wie musizierten eigentlich Steinzeitmenschen? Wir lernen: Auch sie pflegten ein enges Verhältnis zur Musik und bauten Knochenflöten und Schwirrplättchen.

An einem Teich können die Enkel eine Runde im Einbaum drehen. Ein Stück weiter die Replik des Skeletts eines Wollhaarmammuts aus der letzten Eiszeit. Wir gehen an dieser Stelle über 50.000 Jahre zurück, denn in Dithmarschen konnten sogar menschliche Spuren aus der Altsteinzeit nachgewiesen werden. Damals, als die Neandertaler noch Mammuts erlegten. Der Steinzeitmensch als Jäger und Sammler entwickelt sich in der Jungsteinzeit zum Bauern. All das ist auf dem Weg durch den Park erfahrbar. Welche Tiere er hielt, welches Getreide er anbaute, was er zum Düngen benutzte, welche Häuser er baute. Ein Exkurs in Steinkunde am Ende des Weges und die Möglichkeit, einen großen Brocken versuchsweise auf einem dafür rekonstruierten Gerät zu bewegen. So macht Geschichte Spaß.

Wer mag, packt den Picknickkorb mit ein, denn es stehen diverse Bänke für Pausen bereit. Auf die Kinder wartet ein großer Spielplatz und auf alle ein Barfußweg.

Hauptstrand
Südstrand 5
25761 Büsum

Freizeit- und Informationszentrum Watt'n Hus
Südstrand 11
25761 Büsum
04834 909-114
www.buesum.de

Leben am Wasser

Hauptstrand

Büsum war früher eine Insel. Heute ist es die einzige Gemeinde an der schleswig-holsteinischen Nordseeküste, die direkt am Watt lebt, atmet, spaziert und musiziert. Mit der Verlandung des Wardamms, der das einstige Eiland mit der Küste verband, dockte das Land an und bildet heute den nordwestlichsten Zipfel der Meldorfer Bucht. Seine Kulisse ist geprägt von den Häfen, dem alten und neuen. Vom frisch gebauten Klimadeich. Vom Hochhaus aus den 1970er-Jahren, das jeder am liebsten in die Tasche stecken oder sonst irgendwie verschwinden lassen würde. Vor allem aber von Grünstrand, vom Watt und Meer. Der ideale Lieblingsplatz für Erkundungstouren und Badevergnügen.

Büsum bietet am Hauptstrand allerhand Annehmlichkeiten. Viele Möglichkeiten, etwas zu essen, und Toiletten befinden sich im *Wohlfühlgarten,* früher Kurpark genannt, sowie beim Spa und Wellenbad *Meerzeit.* Breite Rampen stehen zur Verfügung, zwei Wattrollstühle können im *Watt'n Hus* ausgeliehen werden. Spaziergänger, Sonnenanbeter und Schwimmer tummeln sich am liebsten tagsüber an der Promenade und auf der Strandwiese, doch auch der Abend gehört dem Watt.

Die langen Sommernächte im Norden, mit und ohne Wasser. Bei Ebbe laufen die Menschen der untergehenden Sonne hinterher, denn der Meeresboden vor dem Hauptstrand bietet alle Vorzüge eines festen Sandwatts. Nur die feinen Körnchen unter den bloßen Füßen und den von der See zurückgelassenen Duft in der Nase. Läuft das Wasser auf, gehen die Spaziergänger ihm entgegen. Erst sind nur die Zehen vom Meer bedeckt, dann reicht es bis an die Waden. Immer näher rückt die Nordsee, man kann sie sehen und fühlen. Wer schlau ist, empfängt das Meer in kurzen Hosen oder gleich in Badesachen. Schwimmend in den Sonnenuntergang! In Büsum weiß man zu leben, das Watt zu zelebrieren.

Als Alternative bei schlechtem Wetter empfiehlt sich ein Abend im neu gestalteten Freizeitzentrum *Watt'n Hus* bei einem schönen Konzert, Theaterstück oder einer Filmvorführung im zugehörigen Kino *Lichtblick*.

68

Familienlagune Perlebucht
Nordseestraße 79
25761 Büsum
www.buesum.de

Tourismus Marketing Service Büsum
Südstrand 11
25761 Büsum
04834 9090
www.buesum.de

Das Austricksen der Gezeiten

Familienlagune Perlebucht

Jederzeit schwimmen zu können – wer an der von den Tiden geprägten Nordseeküste träumt nicht davon? Mit der Perlebucht haben die Büsumer Ebbe und Flut ausgetrickst. Sie schufen eine Lagune in zwei Teilen, für Schwimmer und Anfänger. Eine Lagune, die schmeckt wie das Meer, die sich mit ihm austauscht, deren Wasser sich aber nie vollständig zurückzieht.

Zwei Siele sorgen dafür, dass es bleibt. Die Büsumer legten rechter Hand einen Sandstrand im Nichtschwimmerbereich an, damit alle Generationen baden, Enkelkinder im Sand buddeln und planschen können. Wer sich stattdessen an den Steinböschungen niederlässt, genießt Platz und Ruhe an Land, kann aber im Wasser schon bald nicht mehr stehen. Wie ein tiefer See wirkt das linke Becken, die Lagune der Schwimmer. Strandkörbe fehlen auf der *Watt'n Insel* genauso wenig wie ein leihbarer Schwimmrollstuhl. Bistro, Umkleidekabinen und Toiletten in kurzer Entfernung runden den komfortablen Service ab. In der Mitte eine Insel mit Spielgeräten und Rutschen. Manchmal nimmt eine Möwe darauf Platz. Vor allem gegen Abend, wenn sich der Strand der Perlebucht geleert hat, und nur ein verlorener Schuh, ein Eimer und ein paar Plastikförmchen an die Betriebsamkeit des Tages erinnert.

Auf der gegenüberliegenden Seite sitzt noch eine Gruppe junger Leute vor einer Strandmuschel. Die blauen Tretboote sorgsam hochgekippt, in Reih und Glied eins gegen das andere gelehnt. Keiner, der noch eine späte Runde auf dem Brett dreht. Der künstliche See eignet sich perfekt für Anfänger auf dem Stehpaddel, still wie er ist. Ein Stück geklautes Meer, ruhig gestellt. Nur an windigen Tagen wird die Perlebucht der Nordsee ein bisschen ähnlicher.

Ein Mal eine Nacht am Strand zu verbringen – davon träumen viele. In Büsum könnte er Realität werden, denn in der Perlebucht stehen in der Saison vier Schlafstrandkörbe bereit. Außerdem eine Strandkorbsauna! Gäste können die Sanitäranlage inklusive Duschen auf dem Seebrückenkopf hinter dem Bistro nutzen.

69

Krabbenkutterfahrt
mit der
Reederei Adler & Eils
Ableger: Fischerkai
25761 Büsum
Fahrkartenservice:
04834 3612
Gruppenangebote:
04834 1380
www.adler-eils.de

Fischen wie die Profis

Ausfahrt mit dem Krabbenkutter

Die Möwen kreischen, ringsherum glitzert das blaue Meer. An der ganzen Nordseeküste Schleswig-Holsteins besteht nur in Büsum die Möglichkeit, einmal mit einem richtigen Kutter auf Fang zu gehen. Und dabei noch zu lernen, wie Krabben geschickt gepult werden. Ein Erlebnis mit einer ordentlichen Portion Seeluft.

Die *MS Hauke* legt pünktlich am Fischerkai ab, alle Plätze sind besetzt. An Bord eine bunte Mischung sämtlicher Generationen, alle gleichermaßen gespannt auf die wohl erste Fangfahrt ihres Lebens mit dem ausgedienten Kutter. Draußen vor der Küste dann der spannende Moment: Das Fanggeschirr senkt sich, und das Netz, kleiner als üblich, wird auf Grund gelassen. Nun heißt es warten, bis sich der Baumkurren wieder hebt. Es ist nie gewiss, ob sich am gewählten Standort ausreichend Schalentierchen tummeln, dafür können selbst erfahrene Seeleute keine Garantie geben.

Ein Teil des Fangs kommt ins Salzwasserbecken an Bord und wird analysiert, der Rest darf sofort zurück ins Meer. Kleine Fische wie der Wittling sowie Krebse, ein Seestern und hoffentlich ein paar Krabben schwimmen in der Wanne, während die Algen aussortiert werden. Die Nordseegarnelen können an Bord gekocht, gepult und probiert werden. Jeder darf der Besatzung seine Fragen stellen. Die Mannschaft besteht aus Profis, die eine Krabbe mit zwei gekonnten Handgriffen vom Panzer lösen.

Nach jedem Fang wird das Deck gesäubert, das ist an Bord der *Hauke* genauso wie bei den Fischern, die mehrere Tage vor der Küste schippern. Wer an der frischen Luft ein bisschen Appetit verspürt, kann in der Kajüte an Bord eine Kleinigkeit erstehen. Nach weniger als zwei Stunden legt die *Hauke* wieder am Fischerkai in Büsum an. Meist werden mehrere Fahrten am Tag angeboten, doch eine Reservierung ist besonders bei Gruppen sinnvoll.

Da das Pulen nach dem kurzen Kurs auf der *Hauke* vermutlich leichter von Hand geht, könnten Sie gleich für genügend Übung sorgen und frisch gefangene Krabben am Hafen kaufen.

70

Hotel-Restaurant Zur Alten Post
Hafenstraße 2
25761 Büsum
04834 95100
www.zur-alten-post-buesum.de

Von Krabben und Eierlikör

Hotel-Restaurant Zur Alten Post

Die Büsumer Kutterflotte ist immer noch die größte der Gegend, an die 20 Boote liegen im Hafen. Und die Büsumer Krabben sind ebenso wie die Scholle nach Büsumer Art weit über die Grenzen Dithmarschens bekannt.

Im Hafen verkauft eine Fischersfrau die Nordseegarnelen, die ihr Mann frisch gefangen hat. Acht Euro das Pfund, bereit zum Pulen, was viel schöner ist, als die Delikatesse fertig zu kaufen. Auch im seit 130 Jahren familiengeführten Restaurant *Zur Alten Post*, dem ältesten am Platze, können Gäste das Krabbenfleisch für das Mittagsbrot eigenhändig aus dem Chitinpanzer lösen, wenn sie denn möchten. Natürlich wird das Gericht auf Wunsch verzehrfertig serviert.

In jedem Fall legt das Küchenteam um Chef Dirk Jockheck großen Wert auf Regionalität, Frische und Originalität der Speisen. Klassiker wie Deichlammhaxe stehen genauso auf der Karte wie neue Kreationen, etwa Tatar vom Büsumer Matjes oder Tataki vom geangelten Thunfisch. In der modernen Vinothek herrscht Wohlfühlatmosphäre und der Sommelier findet stets einen passenden Tropfen; Weinverkostungen, Lesungen und Bierproben runden das Angebot ab.

Zum Nachtisch einen Eiergrog? Die Büsumer Geschichte des Kultgetränks ist eng mit dem Traditionslokal verbunden. Die Urgroßmutter der heutigen Besitzerin Andra Hansen fuhr einst bei Schietwetter mit Pferd und Wagen zur Tante nach Schafstedt. Letztere bereitete einen Eiergrog zu, der die Nichte ebenso aufmuntern wie aufwärmen sollte. Die pfiffige Uroma führte daraufhin den Eiergrog in Büsum ein, der aus Eigelb, Zucker, ein bisschen Eiweiß, Rum und heißem Wasser besteht. Dabei ist die Konsistenz der Zucker-Ei-Masse essenziell, und die Zeit des Rührens macht den Unterschied. Dreht man die Creme um, darf nichts aus dem Glas fallen.

Besucher können im Altbau von 1889 oder im 2017 errichteten Haus gegenüber übernachten, je nach Vorliebe. Beides liegt zentral im Ort bei der Fischerkirche und ist doch ruhig gelegen.

71

Kirche St. Clemens
Kirchenstraße 13
25761 Büsum
04834 93410
www.kirche-buesum.de

Die Kirche der Fischer

Kirche Sankt Clemens

Er gilt als Schutzheiliger der Fischer und Küstenbewohner, so wurde Büsums Kirche dem heiligen Clemens geweiht. Im 12. Jahrhundert war das Hafenstädtchen an der Nordsee noch eine Insel namens Biusne. Der Vorgängerkirche lag auf einer mit Kleiboden errichteten Warft und bot den Einwohnern als einziges erhöhtes Bauwerk auf dem Eiland Schutz bei Sturmflut. Als im 15. Jahrhundert ein neues Gotteshaus errichtet werden musste, verwendete man teilweise die ursprünglichen Fundamente. Heute wirkt der weiß getünchte Backsteinbau inmitten des Ortes wie eine Oase im Trubel des Sommers.

Was für eine Freude, es dem Dithmarscher Chronist Neocorus heutzutage gleichzutun und auf einer Bank im Grünen vor der alten Architektur zu sitzen. Der Ruhe zu lauschen. Der Gelehrte in Bronze hingegen scheint seiner Arbeit nachzugehen, die Feder in der Hand, das dicke Buch aufgeschlagen auf dem rechten Oberschenkel. Von 1590 bis 1624 war Neocorus Pastor in Büsum und schrieb an den Abhandlungen über die Dithmarscher Geschlechter. Die Plastik wurde ihm zu Ehren 2009 vom Dithmarscher Künstler Jens Rusch gefertigt und vor dem Glockenturm platziert.

Das bauchige Innere von Sankt Clemens – ein Ort zum Wohlfühlen. Die später eingefügte Holzdecke trägt zur gemütlichen Atmosphäre bei sowie die blau gestrichenen Sitzbänke mit den Schnitzereien, die anzeigen, welche Familie früher wo Platz nahm. In den Kirchen der Küste fehlt selten ein von der Decke baumelndes Votivschiff, in Sankt Clemens ist es ein Dreimaster. Der weiße Chor mit den Spitzbögen mündet in ein Rippengewölbe. Vor dem Altar ist einer der Schätze zu entdecken, das bronzene Taufbecken aus dem 13. Jahrhundert. Neben der Solidität des Baus wirkt die reich verzierte Kanzel von 1729 zur Rechten wie das Werk eines anderen Zeitgeschmacks, die mit dem Altar der gleichen Epoche harmoniert.

In der warmen Jahreszeit finden sonntags die *Büsumer Sommermusiken* in Sankt Clemens sowie in den Kirchen von Wesselburen und Neuenkirchen statt. Die kleinen Konzerte locken Klassikfans von nah und fern an.

72

Naturschutzgebiet Wöhrdener Loch
Startpunkt: Parkplatz Badestelle Nordermeldorf
25704 Nordermeldorf

Deichhaus
Dritter Querweg
25704 Nordermeldorf/Speicherkoog
0172 4307776
www.deichzeit-nordsee.de

Wo der Kiebitz ruft

Naturschutzgebiet Wöhrdener Loch

Zwischen Büsum und Meldorf erstreckt sich der jüngste Koog Dithmarschens, der Speicherkoog. Am Surfbecken tummeln sich Windsegler auf ihren Brettern, der Yachthafen ist ebenfalls gut besetzt, und Radfahrer wie Spaziergänger lieben die vielseitige Gegend. Das Wöhrdener Loch und das Kronenloch stehen als Naturschutzgebiete zudem bei Naturliebhabern hoch im

Kurs. Stets tummeln sich Rast- und Brutvögel, vor allem während des Vogelzugs im Frühjahr und Herbst. Bis zu 250 Vogelarten sind bereits identifiziert worden.

Fangen wir klein an und suchen uns eine Stelle am Wöhrdener Loch. Vom Parkplatz der Badestelle Nordermeldorf spazieren wir rund zehn Minuten auf ebenen Straßen zum Rand des geschützten Naturraums. In Wassernähe können wir mit bloßem Auge einen Austernfischer mit dem charakteristischen roten Schnabel ausmachen. Auch der Kiebitz ist an seiner zweizipfeligen Haube zu erkennen. Ein Stückchen weiter baden Enten. Graugänse ziehen mit ihren Küken über die Wiese, dem sogenannten Gössel. Im Frühjahr sind sie meist die Ersten mit Nachwuchs. Hobby-Ornithologen beobachten die Lage mit Fernglas oder Spektiv. Haben sie vielleicht Pfuhlschnepfen, Uferschnepfen oder einen schwarzweißen Säbelschnäbler gesehen? Einen Rotschenkel?

Selbst seltene Gäste wie das hübsche Odinshühnchen wurden schon gesichtet. Über den längsten Schnabel verfügt wohl der Große Brachvogel. Der Kleine am Wasserrand mit dem dunklen Schnabel könnte ein Alpenstrandläufer sein. Ein Haubentaucher und ein Blesshuhn ziehen durchs Wasser, Seeschwalben sitzen auf einer Insel. Seitdem die Koniks nicht mehr am 495 Hektar großen Wöhrdener Loch als Landschaftspfleger arbeiten, bleibt die Aufgabe den Schafen und Gallowayrindern überlassen. Gemeinsam sorgen sie dafür, dass die Flachlandschaft erhalten bleibt.

Zurück am Parkplatz bietet sich eine Verschnaufpause im Deichhaus an. Im Lokal wird Wert auf Regionalität gelegt. Neben Kaffee vom Husumer Kaffeekontor werden *Packeis* aus Kiel, Craft-Bier aus Dithmarschen und Lammfrikadellen serviert.

73

Dithmarscher Bauernhaus Schleswig-Holsteinisches Landwirtschaftsmuseum
Jungfernstieg 4
25704 Meldorf
04832 979390
www.landwirtschafts-museum-schleswig-holstein.de

Der Duft der Vergangenheit

Freilichtmuseum Dithmarscher Bauernhaus

Wer sich im Sommer abkühlen möchte, kann durch das reetgedeckte Hallenhaus von 1700 wandeln. Überall der Duft der Vergangenheit. Der Boden aus Lehm gestampft, wie es einst üblich war. Als das Haus 1907 aus dem nahen Osterrade nach Meldorf versetzt und zum zweitältesten Freilichtmuseum des Landes wurde, sollte auch der Untergrund dem Original entsprechen.

Im vorderen Teil des Zweiständerbaus waren früher sämtliche Gerätschaften der Bauernfamilie untergebracht, in den seitlichen Buchten das Vieh. Ersatzweise schaut uns heute eine Kuhplastik an. Ein Pendant als Pferd steht links im Stall. Den damaligen Geräuschpegel können wir uns gut vorstellen, in Zeiten, als die Tiere nicht auf der Weide waren, den Gestank ebenfalls. Immerhin stieg durch das Zusammenleben die Innentemperatur im Winter. Im hinteren Teil des Baus befanden sich Küche, Schlafraum und gute Stube, »Pesel« genannt. Durch einen Beilegerofen, auf Niederdeutsch »Bilegger«, konnte der Pesel von der Feuerstelle in der Küche mit erwärmt werden. Der Schlafraum mit den seitlichen Alkoven wirkt gemütlich, war aber vermutlich unbeheizt. Doch eine Waschmaschine hatten sie um 1900 schon, und zwar aus Holz. Wie eine Wiege lässt sie sich hin- und herschaukeln, aber schneller, damit die Wäsche durch das Wasser gewälzt wird.

Das Bauernhaus wirkt, als sei die Familie erst gerade zu den Feldern aufgebrochen. Verlassen die gute Stube, wo fein säuberlich Buch, Brille, Obst, Nähzeug und eine Mütze niedergelegt wurden. Ein Babybett steht nah beim Bilegger. Nur der Boden des Pesels ist aus Holzdielen gefertigt. Wunderschön die Delfter Kacheln an den Wänden, die Geschichten erzählen. Und heute ist es sogar möglich, im alten Bauernhaus zu heiraten.

Im Sommer lädt der Rosengarten zu einer Pause ein. Fans von Traktoren sollten das zugehörige Landwirtschaftsmuseum besichtigen. Im Café-Bistro *Neue Holländerei* wird Kulinarisches aus der Region serviert.

74

Kirche St. Johannis
Nordermarkt
04832 6740
25704 Meldorf
www.kirche-meldorf.de

Der Dom der Dithmarscher

Sankt-Johannes-Kirche

Hoch hinauf ragt der schlanke Turm, an dem Meldorf schon von Weitem zu erkennen ist. Wie ein Leuchtturm für alle, die während einer Radtour die Orientierung verloren haben oder sich beim Stadtbummel neu ausrichten wollen.

Die Sankt-Johannes-Kirche wurde prominent auf einer Geestzunge errichtet und ihr Turm im 19. Jahrhundert erhöht.

Zu dieser Zeit restaurierte man das durch einen Brand beschädigte Gebäude, daher wirkt der Bau von außen teilweise wesentlich jünger. Doch stammt der Dom aus dem 13. Jahrhundert, Vorgängerbauten datieren auf das 9. Jahrhundert zurück. Zu dieser Zeit lag die Stadt noch an der Nordsee, heute finden wir Meldorf durch frühere Maßnahmen zur Landgewinnung gut neun Kilometer vom Deich entfernt.

Die dreischiffige Basilika strebt im Sinne der Gotik in die Höhe, wenn auch nicht in dem Maße wie etwa eine französische Kathedrale. In Dithmarschen bleibt man auf dem Boden. Doch für Westküstenverhältnisse wirkt der Dom licht und prächtig zugleich. Wunderschön die farbigen Fresken der Kuppel, gleich einem Bilderbuch aus dem Mittelalter. Im Inneren erzählt der figurenreiche Schnitzaltar ebenfalls von einer anderen Zeit. Er stammt aus dem 16. Jahrhundert, noch aus der Ära vor der Reformation, und scheint mit jeder Holzfaser Leben zu versprühen. Dagegen nimmt sich das Taufbecken aus dem 13. Jahrhundert fast schlicht aus.

Die Sankt-Johannis-Kirche galt den Dithmarschern schon damals als Symbol der Unabhängigkeit. Neben der religiösen Nutzung diente sie als Versammlungsort für die Spitzen der Bauernrepublik, es wurden politische und gerichtliche Entscheidungen getroffen. Obgleich sie nie Bischofssitz war, wird sie als »Dom der Dithmarscher« bezeichnet.

Schön zum ausgiebigen Frühstücken mit Blick auf den Dom, für den Genuss von Bio-Fairtrade-Kaffee und leckerem Kuchen sowie Flammkuchen, kleinen Gerichte oder Salaten ist das nahe Dom-Café.

75

Altes Pastorat
Museumsweberei und Töpferei
Papenstraße 2
25704 Meldorf
04832 999665
www.stiftung-mensch.com/altes-pastorat

Handwerk mit Herzblut

Altes Pastorat mit Museumsweberei und Töpferei

Meldorf hat einst an der Küste gelegen, doch nun führen die rund 7.300 Einwohner einige Kilometer vom Deich entfernt ein beschauliches Dasein. Rund um den Dom, Markt und in den Gassen fallen die Giebelhäuser aus diversen Jahrhunderten ins Auge. Das Alte Pastorat stellt eines dieser architektonischen Juwelen dar, eigentlich ein Gebäudekomplex mit den ältesten Teilen von 1600.

Das Ladenlokal der Museumsweberei und Töpferei ist in dem schmalen Haus an der Ostseite untergebracht und fungierte ursprünglich wohl als Kapelle, die einmal zu einem Kloster gehörte. Die Eingänge liegen an der Gartenstraße und Papenstraße, erstere Tür leicht versteckt hinter einer hohen Trauerweide, mit der die Fassade eine kongeniale Komposition bildet. Die Bank unter dem Baum lädt zum Verweilen ein – wenn nicht Getöpfertes und Gewebtes ins Auge fallen und in den Laden locken würden.

Fast alle Produkte wurden von den Mitarbeitern der *Stiftung Mensch* hergestellt, deren Arbeitsräume sich teilweise im Alten Pastorat befinden. Auch im hinteren Raum des Ladens wird gewerkelt, stehen Nähmaschinen, liegen Materialien sorgfältig geordnet, die noch an Form gewinnen werden. In anderen Gebäudeteilen werden Wolldecken an Flachwebstühlen hergestellt oder mit der überlieferten Beiderwand-Technik Kissenhüllen gewebt. Weitere Mitarbeiter töpfern Steingut, das mit farbenfroher Glasur veredelt wird. Neu im Sortiment ist Papeterie, teilweise ummantelt vom Stoff alter Kaffeesäcke, die ansonsten zu Taschen vernäht werden. Schon lange im Angebot befinden sich die Leinentücher vom Jacquard-Webstuhl, der aufgrund seiner Muster reproduzierenden Lochkartenläufe als Vorreiter des modernen Computers gesehen werden darf.

Im Alten Pastorat dürfen Wünsche geäußert und Arbeiten in Auftrag gegeben werden, insofern diese im Rahmen der Möglichen liegt. Zurzeit ist das Binden von Abschlussarbeiten beliebt.

76

Hallig Helmsand
Speicherkoog
Parkplatz Elpersbüttel
25704 Elpersbüttel

Das Paradies der Vögel

Hallig Helmsand

Was viele nicht wissen: Auch in Dithmarschen gibt es eine Hallig. Doch ist sie auf den ersten Blick nicht unbedingt als solche zu erkennen. Helmsand dockte nämlich wie die Hamburger Hallig in Nordfriesland durch die Verlandung eines Damms ans Festland an. Zunächst legten die Küstenschützer Buhnen an, die den Bau des 1.500 Meter langen Damms Ende im ersten

Drittel des letzten Jahrhunderts erst möglich machten. Noch heute sind die Spuren einer Lorenbahn zu sehen, die von den Arbeitern genutzt wurde. Durch die Eindeichung des Speicherkoogs näherten sich die Hallig und das Festland zusätzlich einander an. Außer den Seevögeln hat wohl nie jemand auf Hallig Helmsand gelebt.

Rings um den Damm breiten sich Salzwiesen aus, wo das Land aufschlickte. Ein Paradies für Brutvögel. 150 Meter seewärts von der Deichkrone beginnt die *Schutzzone 1* des Nationalparks. Besucher können sich auf Wunsch einer Führung anschließen. Dabei erfahren sie zum Beispiel, dass der Speicherkoog als Vordeichung angelegt wurde. Von April bis Juli gehört die Hallig allein den Vögeln, es herrscht Brutzeit. Doch ein Spaziergang am Deich entlang vom gut drei Kilometer entfernten Parkplatz Elpersbüttel am Speicherkoog oder eine Radtour bis zur Beobachtungshütte auf der Salzwiese sind jederzeit möglich. Und wer möchte, kann dort picknicken.

Zunächst aber heißt es, mithilfe des Experten etwas über die Pflanzen der Salzwiese zu lernen. Haben Sie schon von Strandwermut gehört? Silbrig sieht der Korbblütler aus. Etwas herb im Geschmack, doch wird er von Sylter Topköchen neben Queller und Strandportulak gerne in der Küche verwendet. Was rosa blüht, ist meist Schuppenmiere, Grasnelke oder Tausendgüldenkraut. Gut erkennbar ist die lila blühende Stranddistel.

Verbinden Sie ein Picknick auf Helmsand mit einer Radtour. Von Meldorf den Elpersbütteler Deich ansteuern und rechts in den Mückenweg einbiegen. Von Friedrichskoog wären es zwölf Kilometer auf flacher Strecke am Seedeich entlang.

77

***Kanal 33* – Pension, Café, Biergarten**
Hohenhörner Straße 33
25725 Schafstedt
04805 9014933
www.kanal33.de

Genuss am Wasser

Pension und Biergarten *Kanal 33*

Es gibt Tage im Sommer oder Winter, an denen gelüstet es einen nach einem Hauch von weiter Welt. Das ist genau der richtige Zeitpunkt für einen Besuch am Nord-Ostsee-Kanal. Ein Spaziergang am Wasser entlang, an Wintertagen die Strahlen der wärmenden Sonne im Gesicht und im Herbst bei Nebel den vorbeischippernden Kähnen hinterherschauen, die aus allen

Ländern kommen. Ein Stück Kuchen und ein Kaffee im *Kanal 33* rundet den Ausflug an einer der meist befahrenen künstlichen Wasserstraßen weltweit ab.

Das Lokal mit Pension erfreut sich bei Ausflüglern schon ob der Lage seines Biergartens großer Beliebtheit. An einigen Sonntagen im Januar werden die an der Küste so begehrten »Futjes« frisch gebacken, köstliche kleine Hefebällchen aus einer Spezialpfanne. Im Frühjahr ein Stück Rhabarber-Baiser, im Sommer ein Himbeertörtchen. Der Sonntag im *Kanal 33* bietet sich für alle an, die Pizza aus dem Holzbackofen mögen. Ansonsten stehen gute Dinge wie Flammkuchen, Fischbrötchen und Pommes frites zur Auswahl. Während die Erwachsenen im Freien sitzen, vergnügen sich die Kinder auf dem schönen Holzspielplatz. Ein vor Regen geschützter Außenbereich kann genutzt werden, wenn im Café schon alle Plätze besetzt sind.

Da der Betrieb an der Kanalfähre Hohenhörn bei Radwanderern hoch im Kurs steht, investiert Familie Lucht zudem in den Bau von Modulhäusern und Stelzenhäusern mit Kanalblick, unterstützt von der Aktivregion. Und die Nachhaltigkeit kommt nicht zu kurz: Beim Frühstück punkten Bio-Eier und selbstgemachte Marmelade. Überhaupt legt die Küche großen Wert auf Produkte mit kurzen Transportwegen.

Übernachten Sie am Kanal und schauen Sie schon morgens aufs Wasser. Es gibt E-Ladestationen für Übernachtungsgäste mit Rädern, und die Möbel wurden aus aufgearbeiteten Dalben des Kanals gezimmert.

78

Klein-Westerland Badestelle und Campingplatz
Zur Holstenau 1
25712 Hochdonn
www.campingplatz-klein-westerland.de

Schiffe im Nebel

Klein-Westerland am Nord-Ostsee-Kanal

Wenn eine Badestelle an der meist befahrenen Seeschifffahrtsstraße der Welt liegt und trotzdem lauschig wirkt, gebührt ihr der Name Klein-Westerland. Ein Ort der Beschaulichkeit in der Nähe des gleichnamigen Campingplatzes am Wasser.

Sand unter den Füßen, Bäume, die bis an die Böschung reichen. Auch das Ufer der kleinen Bucht wurde befestigt und zwei Badetreppen installiert. Etwas Schilf wächst am Rand. Ab und an ein Segelboot. Ein paar Enten, die auffliegen. Ein wartendes Schiff in der Weiche dahinter, das ein anderes passieren lässt. Der Kanal führt Brackwasser mit unterschiedlich hohem Salzgehalt. Schlecht scheint die Qualität des Wassers nicht, da es sich in der Bucht mit dem durch die Schiffe entstehenden Sog ständig erneuert. Jedenfalls wird in Klein-Westerland gerne gebadet, obwohl es am Nord-Ostsee-Kanal liegt. Der Campingplatz sorgt für eine komfortable Infrastruktur, und die Kulisse ist beeindruckend.

Wer unter der eleganten Hochdonner Eisenbahnbrücke hindurchspaziert oder -radelt, die den *Kiel Canal* seit 1920 überspannt, stößt auf entspannte Menschen, die am Wasser sitzen, nach Schiffen schauen oder angeln. Wie ein vom Kanal abgezweigtes Becken liegt die Badestelle zur Linken, die bei Jung und Alt gleichermaßen beliebt ist. Schwimmen mit der etwas anderen Aussicht. Ab ins kühle Nass und ohne Gedränge ein paar Runden gedreht, während ein dicker Pott vorbeizieht, sich das Wasser sachte bewegt.

Je nach Wetterlage umschmeichelt Morgennebel die Landschaft. Nach und nach bricht das Sonnenlicht durch den weißen Dunst. Schwaden ziehen übers Wasser, das andere Ufer ist nur schemenhaft zu erkennen. Herannahende Schiffe sind zu hören, bevor sie wie Giganten aus dem Nebel auftauchen. Und das Morgenlicht verzaubert den halb verschleierten Ort.

Ein Picknick am Morgen mit Thermoskanne und Frühstückskorb am Kanal wäre perfekt für Klein-Westerland. Und für Mittagstisch oder Kaffeezeit in die Gaststätte *Strandhalle* des Campingplatzes nebenan.

79

Dithmarscher Gänsemarkt
(April–Dezember)
Hauptstraße 1
25693 Gudendorf
04859 445
www.gaensemarkt.de

Das große Geschnatter

Dithmarscher Gänsemarkt

Schnattervieh hat viel zu sagen. Es gilt als lautstark, sensibel, aufmerksam und treu. Je nach Jahreszeit werden die Gäste im Eingangsbereich des Dithmarscher Gänsemarkts vom Gössel oder seiner Familie begrüßt. Alle Räumlichkeiten sind mit nostalgischen Details vom Landleben ausgeschmückt, bis hin zum Traktor auf der Wiese und den zum Kinderkino umfunktionierten Bauwagen. Im Restaurant und Laden wird das ländliche Flair von einem Hauch Skandinavien ergänzt.

In vierter Generation setzt das Familienunternehmen Eskildsen-Anders auf die Dithmarscher Gans mit ihrem alten Stammbaum. Denn die Haltung des Geflügels hat in Dithmarschen Tradition, so wie die gemeinsame Deichpflege von Schafen und wachsamem Federvieh. Dafür arbeitet die Familie mit Vertragslandwirten und Schäfern zusammen, die ihre Küken kaufen. Die Junggänse verbringen dann ihr Leben mit ausreichend Platz auf den Weiden und ernähren sich frei von Antibiotika und gentechnisch verändertem Futter. Für den Gänsemarkt werden die Tiere nie lebend gerupft, was abgesehen von der persönlichen Ethik des Unternehmens in Deutschland verboten ist.

In der Markthalle wurden einst Eier verpackt, heute speisen Besucher dort regional und erstehen Spezialitäten wie Eierlikör, Geschirr und Deko-Artikel. In der angeschlossenen Daunenstube werden eigens hergestellte Bettdecken und Kissen mit den Daunen und Federn der Dithmarscher Tiere angeboten, auf Wunsch in Bio-Qualität. Martje Anders und ihr Team sind in der Nähe und beraten Interessenten gerne und ausführlich. Im Anschluss lässt es sich gemütlich im Gartencafé sitzen, während die Enkel den Spielplatz testen.

Der Gänsemarkt ist an bestimmten Tagen vom 1. April bis zum 23. Dezember geöffnet. Ab Oktober startet der *Weihnachtszauber* mit entsprechenden Gerichten auf der Karte und Adventsflair.

80

Trischendamm
Startpunkt: Parkplatz
Süderdeich
25718 Friedrichskoog

Das Schmatzen des Watts

Trischendamm

Wer Füße voller Schlick nicht mag, der findet in Friedrichskoog-Spitze eine schöne Alternative zum Wattwandern: den Trischendamm. Vom Strand kommend, lässt man das Watt rechts liegen und steuert auf den begehbaren Wall zu. Leicht erhöht und doch nah an der Natur, kann man darauf jeden Schritt auf dem Weg zur Nordsee komfortabel genießen.

Eigentlich fungiert der zwei Kilometer lange Damm als schützendes Bollwerk der Küste an dieser südlichen Spitze der Meldorfer Bucht. Durch seinen Bau konnte einem Priel Einhalt geboten werden, der Friedrichskoog hätte gefährlich werden können. Ein schmaler Asphaltweg erlaubt es Spaziergängern, auf ebener Strecke zwei Kilometer weit hinauszulaufen.

Zu Beginn flankieren ausgedehnte Salzwiesen die linke Seite, durch Schlickablagerungen reichen sie einen Meter höher als das weite Watt zur Rechten. Ein Knutt und ein paar Möwen nutzen die Gelegenheit, im Schlick zu fischen, und stecken ihre Schnäbel in den nachgiebigen Grund. Eine Möwe hält einen zappelnden Krebs im Schnabel, lässt ihn aber wieder fallen. Je länger wir ins Watt hineinlaufen, desto mehr wächst das Gefühl von Freiheit. Was am Ende bleibt, sind in der Sonne glänzende Flächen bis zum Horizont. Ein Land voller Ruhe und Weite. Sogar das Schmatzen des Watts ist zu vernehmen.

Doch wie alles Schöne im Leben endet auch der Trischendamm irgendwann. Wer dachte, bei Ebbe bis zum Wasser laufen zu können, wird aus seinen Träumen gerissen. An der Spitze des Walls beginnt die *Schutzzone 1* des Wattenmeers, Wanderungen im Schlick sind nicht erlaubt. Dafür rückt die Ölplattform *Mittelplate A* ins Blickfeld, wo seit über 30 Jahren gebohrt und gefördert wird – mitten im Weltnaturerbe. Und Helgoland schwebt wie eine Fata Morgana am Horizont.

Empfehlung: in einer sternenklaren Nacht über den Trischendamm wandeln. Hier draußen kann man sie förmlich aufsaugen, die magische Stille des Wattenmeers. Und die Bilder am Nachthimmel deuten.

81

Garten der Sinne
Burger Waldmuseum
Waldstraße 141
25712 Burg
04825 2985
www.burger-waldmuseum.de

Kudener Kahnschiffer-Gilde
Buchholzer Moor 20
25712 Buchholz
0151 42640831
www.kahnschiffer.de

Der Barfußweg

Garten der Sinne

Was für eine Essenz aus Waldluft, Kräuterduft und süßen Blüten! Dazu das vielstimmige Vogelkonzert und das Hummelgebrumm, bisweilen untermalt vom Streichen des Windes durch das Blattwerk der Bäume ringsherum.

Wir sind im Garten der Sinne im Burger Waldmuseum, vor uns der Barfußweg. Kurz auf die Bank setzen und sich der

Schuhe entledigen, dann beginnen wir mit dem Rundweg auf einem Becken aus aufgeweichtem dunklen Boden. Zwar sinken wir knöcheltief ein, doch keine Sorge, die Geländer zu beiden Seiten garantieren Halt. Es ist ein ungewohntes Gefühl, sich auf einen Untergrund einzulassen, der nicht fest ist. Nach wenigen Schritten haben wir das Torfbecken durchquert und fühlen uns wie Kinder mit schmutzigen Füßen. Im Anschluss ertasten wir lose und feste Steine unter den Sohlen. Einer der Höhepunkte ist sicherlich das Stück Waldboden, das eine Überraschung beschert: Die Fichtenzapfen piksen nicht wie erwartet, fast weich und angenehm fühlen sie sich an, trotz ihrer komplexen Struktur. Der darauffolgende Abschnitt aus unbeweglichen Holzrollen wird von Pflastersteinen abgelöst. Zum krönenden Abschluss kitzelt Gras unter den Fußsohlen.

Es lohnt sich, immer wieder stehenzubleiben, um die Pflanzen und ihre Düfte kennenzulernen. Etwa den des Australischen Zitronenblatts oder der Nachtkerze. Am Ende des Weges wartet die Bank. Und die Fußdusche mit dem frischen Wasser bedeutet eine wahre Wohltat an warmen Tagen. Nur noch abtrocknen mit dem mitgebrachten Handtuch, und wir fühlen uns wohlig matt wie nach einer Massage. Nun, da alle Sinne aktiviert sind, locken der Rundweg und der Lehrpfad durch den Wald im Naturerlebnisraum. Ein Spielplatz und Fitnessgeräte sind ebenfalls vorhanden. In der Mitte des Areals das Waldmuseum, das sich unter anderem der besonderen Lage von Burg zwischen Geest und Marsch widmet.

Wer sich vom hügeligen in den flachen Teil Burgs begibt, hat die Möglichkeit, in einem Spreewaldkahn anderthalb Stunden über die Burger Au gestochert zu werden. Ein tolles Erlebnis für Gruppen!

82

Rathaus Marne
Alter Kirchhof 4/5
25709 Marne
www.amt-marne-nordsee.de

Rathaus Büsum
Kaiser-Wilhelm-Platz
25761 Büsum
www.gemeinde-büsum.de

Die schwingende Fassade

Rathaus

Ein Gebäude wie ein überdimensioniertes Tor: Das Rathaus von Marne hat eine verbindende Funktion. Man gelangt durch seinen halbrunden Durchgang von der Mittelstraße zum Alten Kirchhof. Das verleiht dem Backsteinbau von 1915 eine gewisse Leichtigkeit, zu der auch das Schwingen des Gebäudes gen Osten in konkav-konvexer Form beiträgt. Eine außergewöhnliche

Architektur, die einer genaueren Betrachtung lohnt. Allein die Spannung der Wölbungen zwischen der Mitte und den Seiten erinnert an Francesco Borromini, der im barocken Italien plastische Architekturen schuf. Der Gedanke bewegter Baukunst, übersetzt in eine andere Zeit, an einen anderen Ort. Für das Marner wie für das Büsumer Rathaus zeichnet der leider früh verstorbene Architekt Carl Mannhardt (1875–1918) verantwortlich. Seine Handschrift ist bei beiden Gebäuden zu erkennen.

In Marne wie Büsum fallen die freien halbrunden Giebel ins Auge. Und bei der Büsumer Fassade wirkt die Wölbung des Mittelteils, als hätte Mannhardt sich selbst zitiert. Eindeutig war er dem Jugendstil zugetan, davon zeugen beide Bauwerke. Mannhardt betonte eine hohe Taktung der Fensteröffnungen, was bereits auf den Backstein-Expressionismus der 1920er-Jahre hinweist, ebenso wie die Lebhaftigkeit der Fassaden. Dabei unterscheiden sich die Gestaltungselemente der Vorder- und Rückseite in Marne sehr. Während die Fassade zur Mittelstraße bis hin zu den Hauben auf Vielfalt setzt, öffnet die der Kirche zugewandte Seite den Platz und verleiht ihm durch ihren Schwung eine Art Energie. Hier findet der Wochenmarkt statt, im Herzen der Stadt.

1891 erhielt Marne die Stadtrechte, gewiss zeugen die Anfang des 20. Jahrhunderts errichtete Maria-Magdalena-Kirche und das Rathaus im Stile des aufstrebenden Architekten von jenem Selbstbewusstsein.

Neben den Ämtern beherbergt das Marner Rathaus Truhen, Schränke und Bilder aus den Zeiten, als die Dithmarscher Bauern zu Wohlstand gekommen waren. Besuchen Sie auch das Rathaus in Büsum und lassen Sie Mannhardts Architektur auf sich wirken.

83

Hafen Neufeld
Op'n Diek
25724 Neufeld

Restaurant-Café Alice Heimathafen
Op'n Diek 5
25724 Neufeld
04851 9567380
www.alice-heimathafen.de

Das einstige Fischerdorf

Hafen

Manche Orte schleichen sich auf Anhieb ins Herz. Sie verleiten dazu, tief einzuatmen und innezuhalten. Das kleine Neufeld in Dithmarschen ist solch ein Ort. Das Aufregendste hier ist, am Wasser zu sitzen und in die Ferne zu blinzeln. Denn die 600-Seelen-Gemeinde verfügt über einen Hafen, der für das einst an der Nordsee gelegene Fischerdorf von Bedeutung war.

Die Elbe fließt in Sichtweite, was vor allem an den dicken Pötten auszumachen ist, die entweder Kurs auf die Nordsee oder auf Brunsbüttel und den Nord-Ostsee-Kanal nehmen. So meditiert man vor sich hin, und genießt ein Fischbrötchen, frisch erstanden im *Alice Heimathafen* auf dem Deich. Oder man lässt sich gleich auf der großen Terrasse des Lokals nieder, wo ein Plätzchen im Schatten und ein Brot mit frischen, im Koog gepulten Krabben warten. Von diesem leicht erhöhten Punkt ändert sich die Perspektive.

In Neufeld liegen ein paar Häuser auf dem Wall, was bei den Küstenschutzarbeiten gewisse Schwierigkeiten aufwarf. Um die Gebäude zu sichern, wurden auf dem Deich flankierende Mauern errichtet, eine absolute Seltenheit. Bei Sturmflut eröffnet sich von diesem Standpunkt aus sicherlich der beste Blick. Zum Glück liegen heute ein paar hundert Meter Land zwischen See, Fluss und Ort.

Während nebenan die Schafe munter blöken und Gras rupfen, drehen Windräder langsame Runden. Unwillkürlich reift der Gedanke, zur vollständigen Idylle fehle eine alte Windmühle. Doch die gibt es, sie steht nur ein Stück weiter auf dem Püttenweg, die Mühle Immanuel. Ein Künstler nutzt sie als Ausstellungsraum. Warum nicht mit dem Rad hinfahren oder am Deich entlang nach Brunsbüttel, flache neun Kilometer? Oder bleiben. Nichts tun. Dafür ist Neufeld wie geschaffen.

Dreht man sich gen Westen, wo die Schiffe hinaus aufs Meer ziehen, verwandeln sich Deich und Hafen zum perfekten Punkt für einen stimmungsvollen Sonnenuntergang an lauen Sommerabenden.

84

Schleusenmeile
Schleusen-Info-Zentrum
Schillerstraße
25541 Brunsbüttel
04852 391186
www.schleuseninfo.de

Restaurant Torhaus
Gustav-Meyer-Platz 3
25541 Brunsbüttel
04852 940577
www.brunsbuettel-torhaus.de

Schiffe gucken

Schleusenmeile

Alle Augen sind auf das Treiben auf dem Wasser gerichtet. Eine Yacht, die vom Nord-Ostsee-Kanal hinaus aufs Meer zieht, beziehungsweise erst einmal auf die Elbe übersetzen möchte. Einer der Container-Riesen, frisch aus der Schleuse kommend mit Kurs auf Kiel. An der Schleusenmeile kann jeder bequem vom Ufer aus zuschauen. Vielleicht auf einer der Bänke Platz nehmen, denn die Zeit vergeht, wenn man aufs Wasser schaut. Ein Spaziergang zur Aussichtsplattform über die Promenade, das ist Bummeln mit maritimem Flair. Mit der nahen Tourist-Information, sanitären Anlagen und einem kulinarischen Angebot lässt die Infrastruktur kaum Wünsche offen.

Schon im 18. Jahrhundert wurde mit dem Eiderkanal eine Wasserstraße durch Schleswig-Holstein gebaut, um die schwierige Route über den Skagerrak zu vermeiden. Mehr über die Geschichte des Nord-Ostsee-Kanals und den Schleusenbau wird im Museum *Atrium* am Gustav-Meyer-Platz erzählt. An der Promenade in Brunsbüttel tummeln sich die Flaneure, Kaffee und Fischbrötchen werden in Buden feilgeboten, eine ist in Form eines Leuchtturms gestaltet. Wer größeren Appetit hat, kehrt ein Stück weiter im italienischen Restaurant *Torhaus* ein, wo neben Pizza auch Suppen, Salate, Pasta, Fisch- und Fleischgerichte serviert werden.

An sonnigen Tagen ähnelt die Betriebsamkeit an der Wasserstraßenpromenade der in einer Fußgängerzone. Doch im Gegensatz dazu schippern hier die Attraktionen vorüber, riesige Pötte, von denen einige wie fahrende Hochhäuser wirken. Bevor wir die Stufen zur Aussichtsplattform nehmen, informieren wir uns beim Schiffsradar über aktuelle Bewegungen und die Grunddaten der anwesenden Kähne auf beiden Seiten der Schleusen. Ein Gefühl, als wären wir selbst Kapitäne. Wer mit den Enkeln kommt, wird sich über den Schleusenspielplatz in der Nähe des Torhauses freuen.

Mehr über den Neubau der fünften Schleusenkammer kann man im Schleusen-Info-Zentrum erfahren. Oder an einer der geführten Schleusentouren in Kooperation mit der *VHS Brunsbüttel* teilnehmen.

85

Radtour am Nord-Ostsee-Kanal
Startpunkt: Kanalfähre Ostermoor
Fritz-Staiger-Straße 2
25541 Brunsbüttel

Kerzenhof
Judenstraße 10
25725 Schafstedt
04805 304
www.kerzenhof-dithmarschen.de

Wettrennen mit dicken Pötten

Radtour entlang des Nord-Ostsee-Kanals

Die wohl meist befahrene künstliche Seeschifffahrtsstraße der Welt durchschneidet Schleswig-Holstein von West nach Ost. Acht Stunden braucht ein Schiff bei einer Geschwindigkeit von maximal 15 Kilometern pro Stunde, um vom einen zum anderen Meer zu gelangen. Der Nord-Ostsee-Kanal zwischen Brunsbüttel und Kiel existiert seit 1895 und wurde mehrfach erweitert. Begegnen sich zwei große Kähne, geben die von Dalben gekennzeichneten Weichen ihnen Ausweichmöglichkeiten.

Der Kanal wird von flachen Betriebswegen gesäumt, die bei Radwanderern beliebt sind. Selten fährt ein Auto vorbei, dafür ist das Wasser ständiger Begleiter. Möchten Sie die gesamten rund 100 Kilometer fahren oder sich Zeit für die Erlebnisse im Hinterland nehmen, sollten Sie eine Woche einberechnen. Tipps für Übernachtungsmöglichkeiten, Gastronomie und Ladestationen sind zum Beispiel bei der *Touristischen Arbeitsgemeinschaft NOK* zu finden, die auch Gepäck-, Personen- und Fahrradtransfers vermittelt.

Wir entscheiden uns für die Dithmarscher Etappe bis Hohenhörn und starten am Parkplatz der Kanalfähre Ostermoor hinter Brunsbüttel. Bei Kudensee könnten wir die Seiten via Fähre wechseln. Ufer-Hopping also, und das kostenfrei. Bei Burg können wir erneut übersetzen, denn auf der linken Seite wartet das *Burger Fährhaus* mit Speis, Trank und Kanalblick. Auf dem Wasser tummeln sich kleine Segler, Frachtkähne und Containerschiffe neben uns. Oder gar schwimmende Kleinstädte, die abends leuchten, die Luxusliner.

Doch nur am Kanal zu bleiben, wäre fast zu schade. Es lohnt sich, hin und wieder vom Plattenweg abzubiegen und die Gegend zu erkunden. Wer auf der linken Seite bleibt, kann das Naturschutzgebiet am Kudensee besuchen. Zeit abzusteigen, durchzuatmen und zu entschleunigen, die beste Gelegenheit für einen Vogelkiek. Von der Aussichtsplattform lassen sich mit etwas Glück Haubentaucher, Rohrdommeln und Kiebitze beobachten.

Von Hohenhörn lohnt sich ein Abstecher nach Schafstedt. Das reetgedeckte und rundherum gemütliche Landcafé Kerzenhof lockt mit Kaffee und köstlichem Kuchen.

WEITERE LIEFERBARE Lieblings-plätze

ISBN 978-3-8392-0044-5

ISBN 978-3-8392-2730-5

ISBN 978-3-8392-2613-1

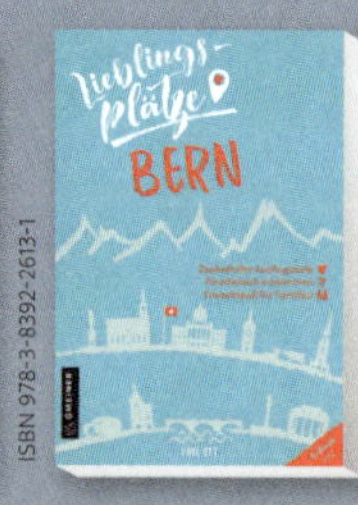

ISBN 978-3-8392-2837-1

ISBN 978-3-8392-2616-2

ISBN 978-3-8392-2632-2

ISBN 978-3-8392-2733-6

ISBN 978-3-8392-2731-2

ISBN 978-3-8392-2732-9

ISBN 978-3-8392-2628-5

ISBN 978-3-8392-2621-6

ISBN 978-3-8392-2885-2

ISBN 978-3-8392-2625-4

ISBN 978-3-8392-2838-8

ISBN 978-3-8392-2630-8

ISBN 978-3-8392-2631-5

ISBN 978-3-8392-2928-5

ISBN 978-3-8392-2929-3

ISBN 978-3-8392-2932-3

ISBN 978-3-8392-2931-6

ISBN 978-3-8392-2925-5

ISBN 978-3-8392-2622-3

ISBN 978-3-8392-2619-3

ISBN 978-3-8392-2618-6

ISBN 978-3-8392-2615-5

ISBN 978-3-8392-2629-2

ISBN 978-3-8392-2734-3

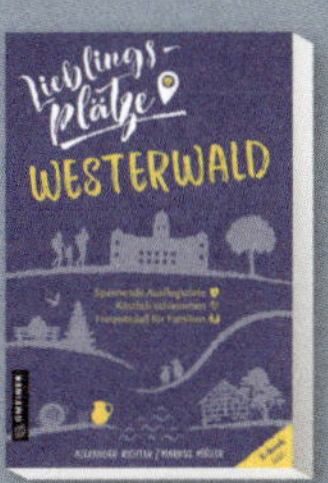

ISBN 978-3-8392-2627-8

ISBN 978-3-8392-2617-9

ISBN 978-3-8392-2635-3

ISBN 978-3-8392-2633-9

ISBN 978-3-8392-2612-4

ISBN 978-3-8392-2405-2

ISBN 978-3-8392-2614-8

ISBN 978-3-8392-2839-5

ISBN 978-3-8392-2624-7

ISBN 978-3-8392-2623-0

ISBN 978-3-8392-2611-7

ISBN 978-3-8392-2545-5

ISBN 978-3-8392-2620-9

ISBN 978-3-8392-2634-6

ISBN 978-3-8392-2930-9

ISBN 978-3-8392-2927-9

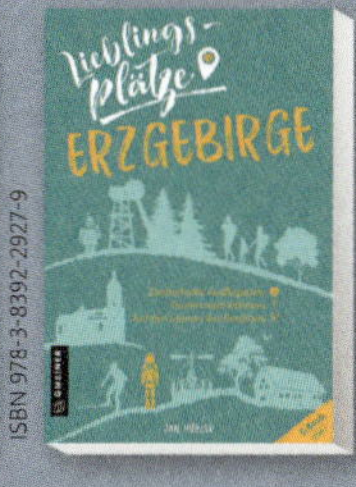

ISBN 978-3-8392-2926-2

ISBN 978-3-8392-2924-8

ISBN 978-3-8392-0043-8

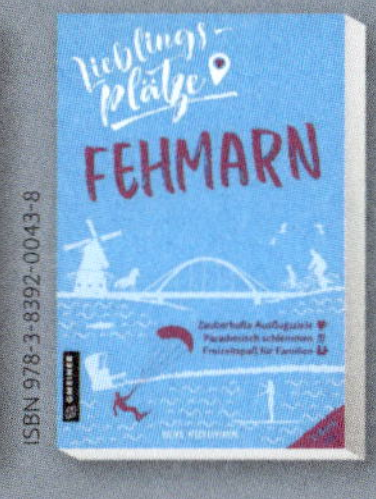

Marion Vogt
Lieblingsplätze
für Senioren
Bodensee
192 Seiten, 14 x 21 cm
Klappenbroschur
ISBN 978-3-8392-0156-5
€ 17,00 [D] / € 17,50 [A]

Dagmar Seitz
Lieblingsplätze
für Senioren
Schwarzwald
192 Seiten, 14 x 21 cm
Klappenbroschur
ISBN 978-3-8392-0216-6
€ 17,00 [D] / € 17,50 [A]

GMEINER